シン・サウナ

人生は自分の“好き”で
デザインできる

コクヨサウナ部部長
川田直樹
（カワちゃん）

KADOKAWA

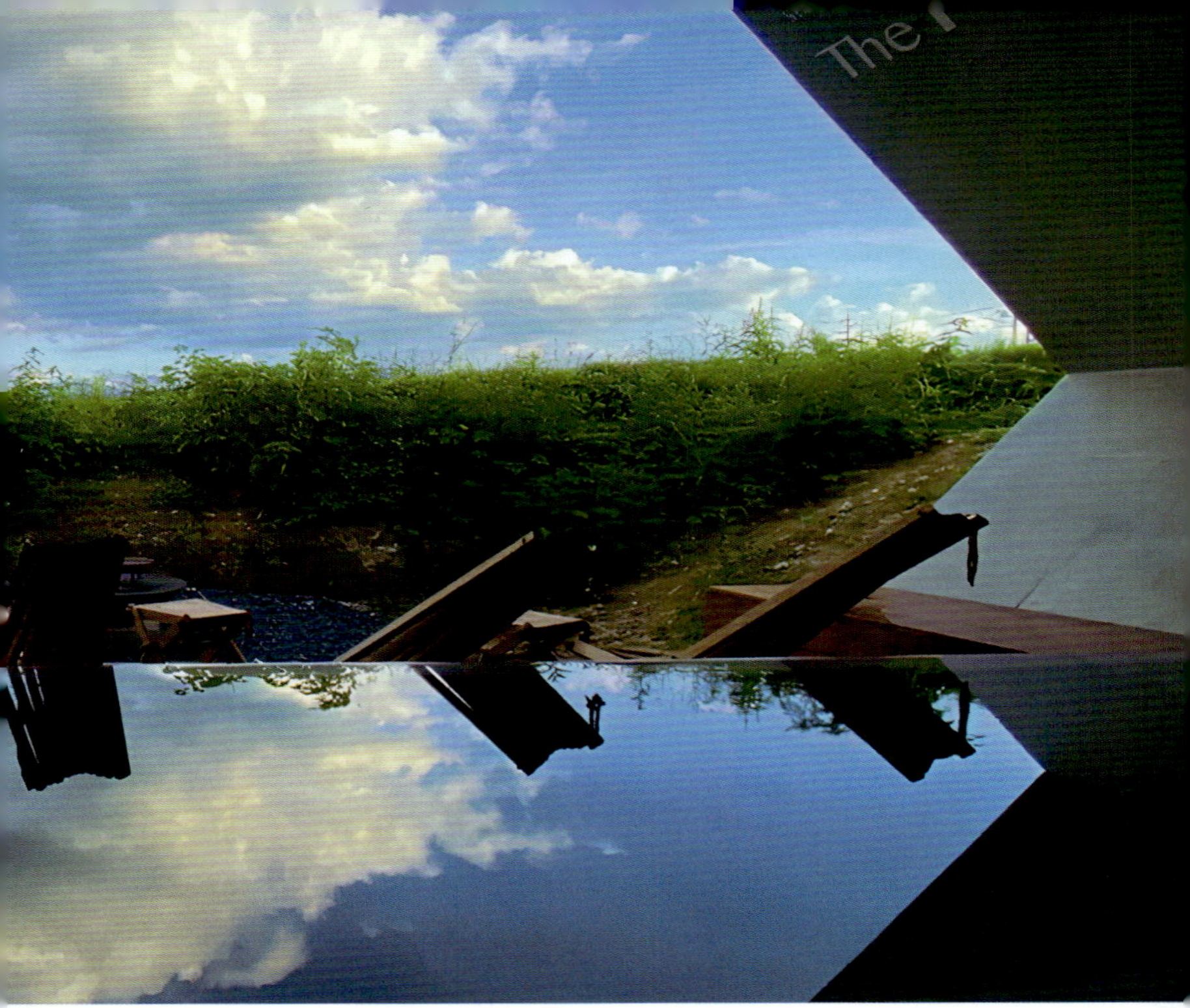
The

筆者がサウナをプロデュースした富山県の「The Hive」。
限界集落に位置するが、その魅力で世界中から人が押しよせる。（P.232）

ヘルシンキで話題の都市型サウナ「Löyly」。

サウナの本場・フィンランド。幸福度7年連続1位のこの国でウェルビーイングのあり方を学ぶ。（P.163）

左／フィンランドのサーモンスープ。
右／街中でバスタオルを巻いた大人が集まる「Kotiharjun Sauna」。

スモークサウナがズラッと並ぶ「サウナビレッジ」。

筆者がプロデュースした富山県の「くらすサウナつるぎ」。モデルハウスをサウナ付き宿泊施設にし、旅行以上・移住未満の生活体験を可能にした。（P.247）

神奈川県「スカイスパYOKOHAMA」。
筆者がワークスペースを考案し、サウナと仕事を両立させた新しい利用スタイルを提供する場所に。（P.249）

東京都「あかざる」。古きよき料亭を、パブリックも個室も併設したハイブリッド型サウナに。（P.252）

2025年1月東京都青梅市に誕生した「JIKON SAUNA -TOKYO-」。
アースバッグサウナを体験でき、ぐっすり眠ることに特化。（P.287）

社員の健康のため、自社工場の最上階にサウナを併設する「小林クリエイト株式会社」。（P.178）

オフィス内のサウナが社員同士のコミュニケーションの場となっている「株式会社タマディック」。（P.176）
撮影：平井広行（タマディック名古屋ビル外観、LUOVA SAUNA）

200社以上が加盟する異業種サウナ連合「JAPAN SAUNA-BU ALLIANCE」。（P.185）

ドワンゴが主催したニコニコ超会議の「サウナOB訪問」。（P.199）

サウナツーリズムを推進する「JAL サ旅トラベラーズグッズ」。（P.209）

サウナで自社商品のリブランディングを図る花王。（P.210）

川田が働く「コクヨ株式会社」。社内サウナ部やサウナグッズの開発など、
社員が自発的に活動している。

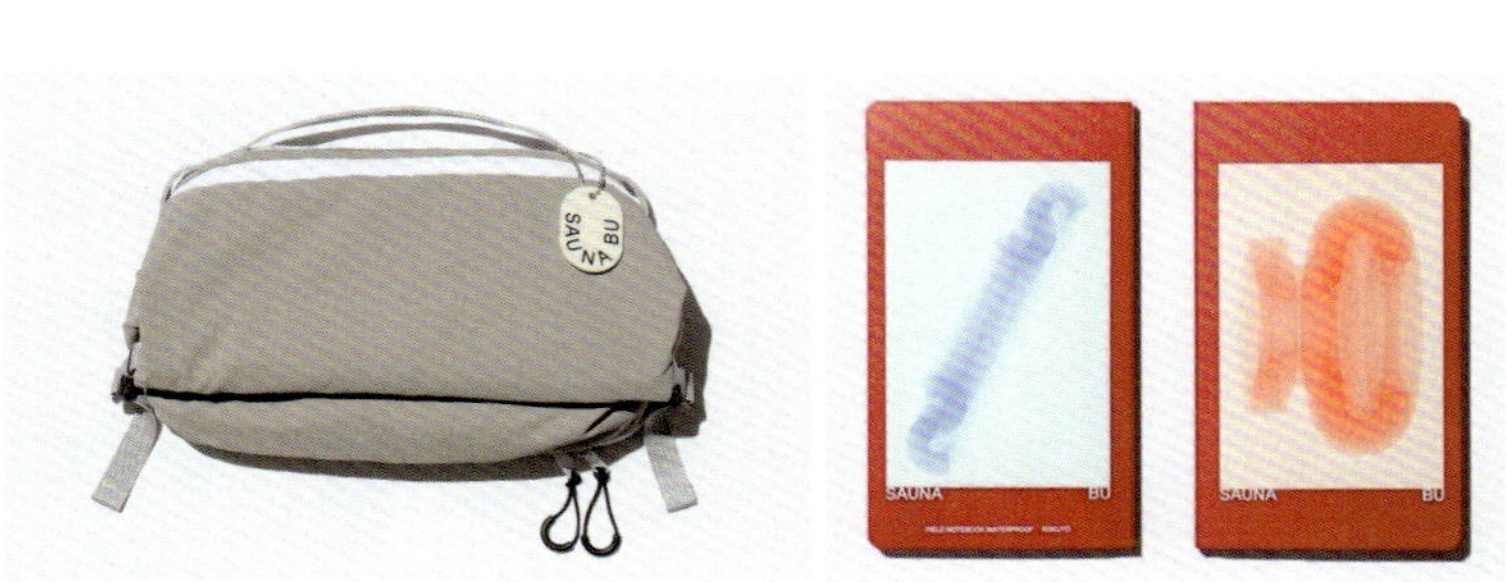

鳥取県の平井知事とアウフグースマスター五塔熱子氏。

ととのう
とっとり
TOTONOU TOTTORI

サウナツーリズムを県全域で推進する鳥取県の「ととのう とっとり」プロジェクト。（P.214）

上／「玄関口」として地域の個性を打ち出す北海道小樽市「SAUNA Otaru arch」。（P.260）
下／非日常（ハレ）の旅と横浜の魅力をつなぐ「HARE -TABI SAUNA & INN YOKOHAMA」。（P.262）

伝統的なサウナ文化に新しいエンターテインメントをまぜたノルウェーの「SALT」。（P.295）

サウナ後に焼肉とビールを楽しめる、飲食店にサウナを構えた神奈川県小田原市の「山賊サウナ」。（P.273）

2024年12月オープン。森に「根」を張り、海と生きるための循環型サウナ
宮城県女川町の「JUURI SAUNA」。（P.290）

自分の「好き」で、人生・働き方をごきげんに

絶対的で揺るぎないと思っていたものが不安定になり、シンプルで答えがあったはずのものが複雑で不可解になっていく——。

生成ＡＩの出現などで、目まぐるしいスピードで変化する毎日。

「このままでいいんだろうか」

そう漠然とした焦りや迷いを感じている方も多いのではないでしょうか。

そんなあなたに伝えたい、私が大切にしている考え方があります。それは、「**まず、自分をととのえること**」。

原始的な心地よさを感じられる空間で、自分のために時間やお金を使う。

そうすると、日々の迷いや不安は驚くほどクリアになっていきます。

その効果を最大化する存在、それが「**サウナ**」なのです。

初めまして！　川田直樹と申します。親しい方からは「カワちゃん」と呼ばれています。関西出身で、いまは東京で家族とネコと一緒に暮らす40歳です。

コクヨエンジニアリング&テクノロジー株式会社（現・コクヨ株式会社）に新卒で入社。コクヨというと文具のイメージが強いかもしれませんが、私は主にオフィス家具の領域、例えば建材の施工や「働く空間」の価値向上などに携わってきました。ごくごくノーマルな会社員です。

そんな私の人生を、特別なものにしてくれた趣味があります。

「サウナ」です。

皆さんはサウナに行ったことがありますか？　好きですか？

私はとっても大好きです。サウナに行ってから町中華で食べる餃子と瓶ビールが、最高に好きです。

私にとってサウナは、たとえるなら、こんな役割をする場所。

○編集スタジオ
日常の出来事や心の中の情報を編集し、よりシンプルで明快な「自分らしさ」を仕上げる

○キャンバス
無心になり新たなアイディアや心の創造性を引き出す「ヨハク」が生まれる

○交響楽団
高温のサウナ室・冷たい水風呂・外気浴・お風呂が組み合わさることで、異なる要素が調和しリズムを取り戻す「最高のリラクゼーション」が生まれる

○タイムマシーン

昔の情熱を思い出したり、未来の自分を考えたりすることで、自分の軸を再確認し、「自己発見の旅」ができる

○焚火

仲間とともに火を囲みサウナの熱に包まれることで、自然にリラックスし心が温まり「人間らしさ」を感じる

振り返ってみると、**私の人生は、サウナのおかげでうまくいっています。**サウナデビューは5歳のとき。祖父の影響でサウナにハマり、サウナ愛好歴は35年になりました。

大変なとき、嬉しいとき、いつもサウナが寄り添ってくれました。決して勉強ができるほうではないのに、**サウナ施設で猛勉強して国家資格の一級建築士試験に合格**したり、コクヨで当時最年少マネージャーになったもの

の、後輩への関わり方がわからなかったときには、**サウナを取り入れて社内コミュニケーションを活性化**させたり。

サウナの可能性に魅せられて、**コクヨ社内でサウナ部を結成**。いまや180名の部員が集まる社内最大規模の部活に。

異業種サウナコミュニティを立ちあげると、**5年間で約220社・約4000名以上が加盟**。企業の垣根を越えて、友達の輪も広がりました。

建築士とサウナ好き両方の視点を持っていることもユニークな価値となり、光栄にも**日本全国のサウナ施設をプロデュース**させていただいています。

こうした取り組みから、サウナの本場・フィンランドの政府観光局より「**フィンランドサウナアンバサダー**」を拝命。日本とフィンランドの文化交流の架け橋として活動しています。

私はコクヨで会社員として働いているので、活動のほとんどが**パラレルワーク（複業）**。

本業の「コクヨ」と、「サウナ」。一見相容れないと思われるかもしれませんが、私の毎日は「ワークライフバランス」ならぬ「**ワークライフブレンド**」。どちらも大切な活動で、お互いがゆるやかにまざりあい、相乗効果を生んでいます。

そんな「好き」をワークにもまぜたライフは、とても楽しく幸せで、「**今日も最高の1日だったなぁ**」とニコッとしながら眠りについています。

本書は、サウナをパラレルワークとする会社員が、サウナの新しい可能性を紐解く「**新感覚・サウナビジネス本**」です。

ワークライフブレンド

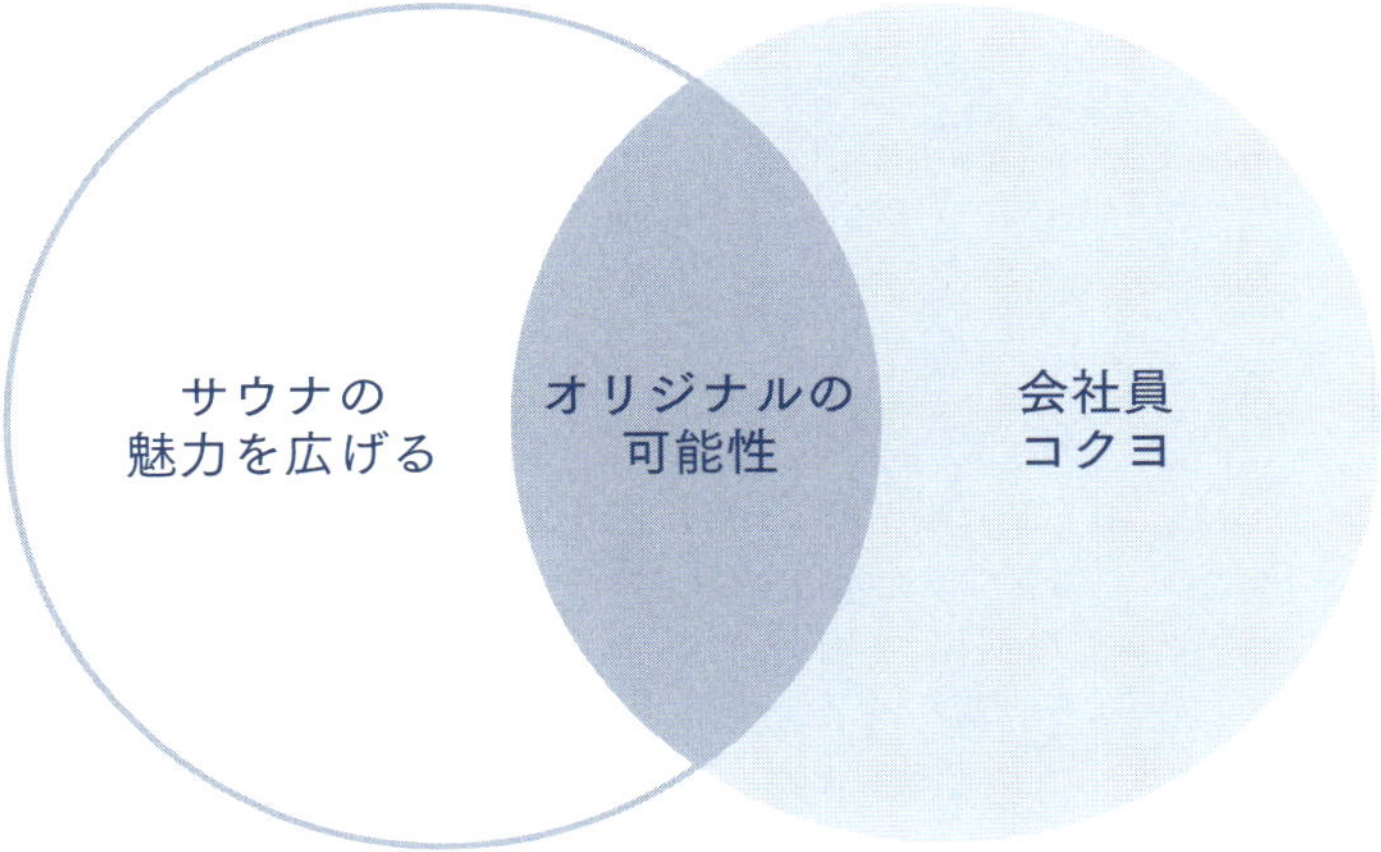

どちらも“好き”な領域

私は多いときで週8回サウナに通い、国内サウナ旅（サウナを目的とした旅）ではほぼ全国のサウナを巡りました。国内にとどまらず、フィンランド・ドイツ・ノルウェー・エストニア・韓国・タイ・台湾・モンゴル・アメリカなど、世界中のサウナを体験してきました。

その訪問で見えてきた景色、感じ取ったものから、私は確信しました。

「**サウナには日本を、そして世界を幸せにする力がある**」

進化し続けるサウナの**新**しい楽しみ方、**深**い世界、素晴らしい価値をたくさんの方にお届けしたい。そして、自分らしい生き方や働き方を実現し、今日を生きる人々がイキイキと過ごせる力になれたら。

そんな思いで生まれたのが、本書「**シン・サウナ**」です。

・**「好き」を仕事にしたいけど、どうすればよいのだろう**
・**社会人になってから、新しい出会いが全くない……**
・**サウナをつくりたい、ビジネスにしたい**

サウナ好きでなくても、本書がこれらの悩みを持つ方の人生を少しでも豊かにするヒントになったら、これ以上嬉しいことはありません。

本書は、ビジネス書でありながら、**健康やライフスタイルを見つめ直すきっかけ**となる1冊を目指しました。私が自ら体験した施設を中心に、医学的な要素やサウナ特有の専門用語はできるだけ使わず、だれもが気軽に手に取り、読みやすく感じてもらえるよう心がけました。

「**サウナが好きな関西人の40歳のお兄ちゃん**」**と友達になった感覚**で、自宅やオフィス、もちろんサウナ施設の休憩処で、気になるページから読み始めてもらえたらと思います。

サウナは、だれにでも自由でフラットな存在。
心にヨハクをつくり出し、「自分をととのえる」。

私の35年分のサウナライフを、この本を通じてあなたにお届けします。

コクヨサウナ部部長・JAPAN SAUNA-BU ALLIANCE共同代表・
フィンランドサウナアンバサダー
川田直樹（カワちゃん）

本書のイラストは、あのサウナ好きのバイブルともいえる『サ道』の著者・**タナカカツキ先生**に描いていただきました！

本書の効能

私にとってサウナは、「**明日も頑張れるようにすべてをリセットできる**」スイッチ。サウナを通して、次ページのような課題感を払拭してきました。

学生、新入社員、マネージャー、経営者、どなたでも、一つでも共感する部分があれば、ぜひこの先を読み進めてみてください。

アウトドアや地域イベントの参加など、趣味を通じたチームビルディングや社会とつながる活動が、ストレス軽減や新しい人間関係の構築に役立つと思っています。

6	自己肯定感の低下	・自分の価値を再発見できるような、新しい環境や活動を探してみたい！ ・社会とのつながりを、自分らしい形で少しずつ広げていきたい。
7	チームでの役割の難しさ	・チーム全体をまとめながら、自分も一緒に成長できる方法を見つけたい！ ・部下と一緒に前向きなチームづくりを楽しんでいきたい。
8	社会とのつながりの希薄化	・地域活動やボランティアに気軽に参加して、新しいつながりをつくりたい！ ・社会の中で自分らしく活躍できる新しい役割を楽しみながら見つけたい。
9	変化への適応不安	・新しい働き方やデジタルツールも、無理なく楽しみながら慣れていきたい！ ・職場の変化に柔軟に対応しながら、自分らしい方法を探したい。
10	ストレス軽減の模索	・ストレスを和らげるリフレッシュ方法を見つけて、もっと穏やかに過ごしたい！ ・仕事もプライベートも、リラックスできる時間を大切にしたい。

こんな方に『シン・サウナ』がぴったり！

1	キャリアの停滞感・将来への不安	・いまの仕事を楽しみつつ、成長できる新しい挑戦も見つけたい！ ・定年後の新しい楽しみを考えるのも、これからのワクワクにつながりそう。
2	人間関係の希薄さ	・職場以外でも、気軽に話せる仲間を少しずつ増やしていきたい！ ・新しい友人をつくるきっかけを、趣味やイベントで見つけてみたい。
3	心身の健康不安	・楽しく続けられる運動やリフレッシュ方法を気軽に試してみたい！ ・健康を意識した新しい習慣を、仲間と一緒に楽しみながら始めたい。
4	趣味や興味の欠如	・毎日にワクワクをプラスできるような、小さな趣味を見つけたい！ ・自分のペースで気軽に始められる新しい挑戦を楽しみたい。
5	家庭内での役割の変化への戸惑い	・家庭内でも自分らしい役割を見つけて、さらに楽しみを増やしたい！ ・家族との会話や時間をもっと大切にして、新しいつながりを築きたい。

CONTENTS

CHAPTER

2

サウナで人間関係がととのう

CHAPTER
3 サウナがビジネスソリューションになる

CHAPTER

4 これからの新時代、サウナが仕事に …… 231

※本書に登場する情報は、発売時(2025年2月)のものです。

CHAPTER

1

サウナで自分の心をととのえる

EPISODE 1

サウナの可能性は無限大

サウナは多様な価値観を感じさせる体験

コクヨで会社員をしながら、サウナプロデューサーとして活動していると、「それはカワちゃんに特別なスキルがあったからじゃないの?」と言われることも多いのですが、そんなことはありません。

20代は、がむしゃらに仕事に取り組む中で多くのミスやトラブルを起こし、そのたびに先輩に助けてもらいました。
30代は、マネジメントの課題に向き合いながら、チームと一緒に一歩ずつ進む日々。試行錯誤の連続でした。迷ったり立ち止まったりすることがたくさんありました。

ですが、そんなときに何度も助けられたのが「サウナ」です。
サウナは、**とんでもないポテンシャル**を持っていたのです。

サウナは入浴法にとどまらず、「振り返り」「浄化」「創造」「調和」といった多様な価値観を感じさせる体験の場。心身の健康や交流、文化的体験、そして自分自身との対話を促進する、多面的な魅力を持つ特別な空間です。

もはや私にとっては「**生きるために必要不可欠なもの**」です（笑）。

8	男女問わず人気が広がる	健康や美容への効果が注目され、性別や年齢を超えて幅広い層に支持される。
9	サステナブルなライフスタイルの象徴	自然素材やエコロジカルな施設が増え、環境と調和したライフスタイルを提案。
10	ライフスタイルの多様性を支える	運動後のケア、仕事帰りのリフレッシュ、休日のリラクゼーションなど、多目的に活用可能。
11	旅行先でも楽しめる体験	地域ごとの特色あるサウナ文化を楽しむことで、旅行の楽しみを広げる。
12	自己探求や瞑想の時間を提供	サウナの静寂な空間が、自己と向き合う時間を生み出し、内面的な充実感を得られる。
13	経済的で持続可能なリフレッシュ方法	高価な設備や長時間の移動を必要とせず、近場で気軽にリラックスできる。
14	新たな働き方	サウナ活動が、自己管理やパフォーマンス向上の手段となる。

サウナのとんでもないポテンシャル

1	ストレス解消とリフレッシュ効果	サウナの温熱環境が心身をリラックスさせ、日々のストレスを軽減。
2	心身の健康促進	血行促進や代謝アップ、疲労回復など、健康維持やパフォーマンス向上に効果的。
3	簡単に取り入れられる習慣	特別なスキルや準備が不要で、忙しい現代人にも取り入れやすい。
4	一人でもグループでも楽しめる	自分の時間を大切にしたい人にも、仲間や家族と一緒に過ごしたい人にも対応可能。
5	デジタルデトックスの場	スマホやデバイスから離れ、静寂の中で心を落ち着ける時間を提供。
6	コミュニティ形成の場	サウナを通じて、共通の趣味を持つ人々との交流や新たな出会いが広がる。
7	多様な楽しみ方の提案	アロマや照明、温度設定の違いなど、自分に合ったスタイルでカスタマイズが可能。

サウナ好きにはポジティブな人が多い

「サウナが好きな人は優しくてポジティブで、素敵な人が多い」

これは私の周りのサウナ好きの友人からよく聞く話です。周囲の人への協力を惜しまず、力になろうとしてくれたり、お互いの活動を応援し合ったり。これまで出会ってきた数千人のサウナ好きな方々から、そのような姿勢や考え方を学ばせていただいています。

ではなぜ、そういう人が多いのでしょうか？ それは、「**普段から自分を内省する機会が多く、自分自身がごきげんだから**」だと私は思います。

自分が満たされていると、気持ちはポジティブになります。不安やモヤモヤが「まぁ、いっか」となるんです。すると過去や直近の出来事を思考するのではなく、**5年後、10年後といった長期的な未来にも意識が向いていきます。**

そして未来への焦りが気にならなくなると、**人に対してもちょっと余裕を持って向き合える。**サウナによるポジティブな連鎖は、周りにも広がっていくのです。

まとめ

サウナは、まだ見ぬ自分の可能性に出会う場所。

EPISODE 2

入り方の心得

「ととのわなくてもいい」自分の感覚を楽しむ

「サウナ」と聞いて、皆さんはどんなイメージを持ちますか？

サウナブーム前、サウナの話をすると「なんですかそれ？」「汗をかくのが好きなんですか？」「変わった趣味をお持ちですね（笑）」「熱い箱」「ガマン大会」なんて声がよく聞かれました。

しかし最近では、「私もサウナが好きでよく行きます！」という若い方の声を耳にすることも増え、私がお世話になっている美容師さんからは「最近サウナに行き始めたんですが、どこによく行きますか？」と尋ねられることも。また、会社では「最近夫婦でハマっていて、休日にサウナ旅を楽しんでいます」といった話題が出るほどです。

一方で、「流行っているみたいだから行ってみたけど、思ったほどよくなかった」「入り方がわからない」「『ととのったー』ってなんですか？」という声も少なくありません。

「**ととのった**」

これはサウナ漫画の名著『サ道』にも出てくるキラーワード。サウナ後に得られる感覚を、とても的確に表していると思います。

「ととのう」とは、「**サウナ室→水風呂→休憩**」という温冷浴を繰り返した後にやってくる独特の浮遊感や多幸感を指します。シンプルに気持ちよさをとっても感じられてリラックスできるのです。

ただ、「ととのう」は**人によって感覚が異なる**のが特徴。日本最大級のサウナインスタメディア「サウコレ！」(@saunacollection)にて、「ととのう感覚」をアンケートで尋ねてみたところ(2024年12月実施・70名対象)、

・心と身体が一体になる
・頭の中がリセットされて、スッキリする
・究極のリラックスタイム
・自然と笑顔になる

と多種多様なコメントが。

つまり、「**乱れていた感覚がととのう**」ということだと思います。

一方で「ととのうことを意識しすぎて、サウナのハードルが上がってしまった」「ととのうがよくわからなくて、サウナに行かなくなってしまった」という話もよく聞きます。

これ、実はとってももったいないです。

なぜなら、サウナで最も大切なのは、**そのときの自分の感覚に向き合って、自分の気持ちよさのままに行動する**ことだから。

入るペースや座る場所に正解はなく、自由にデザインしてよいのです。

例えばサウナ施設の滞在時間。

私はほぼ毎日サウナに行きますが、2時間ほど施設に居るときもあれば、クイックに30分でサウナを楽しむ日もあります。

これはあくまで私のペース。1時間居てもいいし、すぐに上がってもいい。

そんな前提のもと、ここから、サウナの入り方の心得をお伝えします。

サウナでは**「思考の世界」を抜け出して「感覚の世界」を楽しんでください！**

カワちゃん流・入浴のポイント

「サウコレ！」実施のアンケート（2024年12月実施・467名対象）でも、サウナデビューで最も不安だったというのが「**サウナの入り方**」。

まずは次のページの入り方を参考にしてみてください。

サウナ施設の温度や湿度の状態によって変わりますので、**自分が気持ちいいと思える**入り方を探していくこともまた楽しいものです。

サウナの基本サイクル

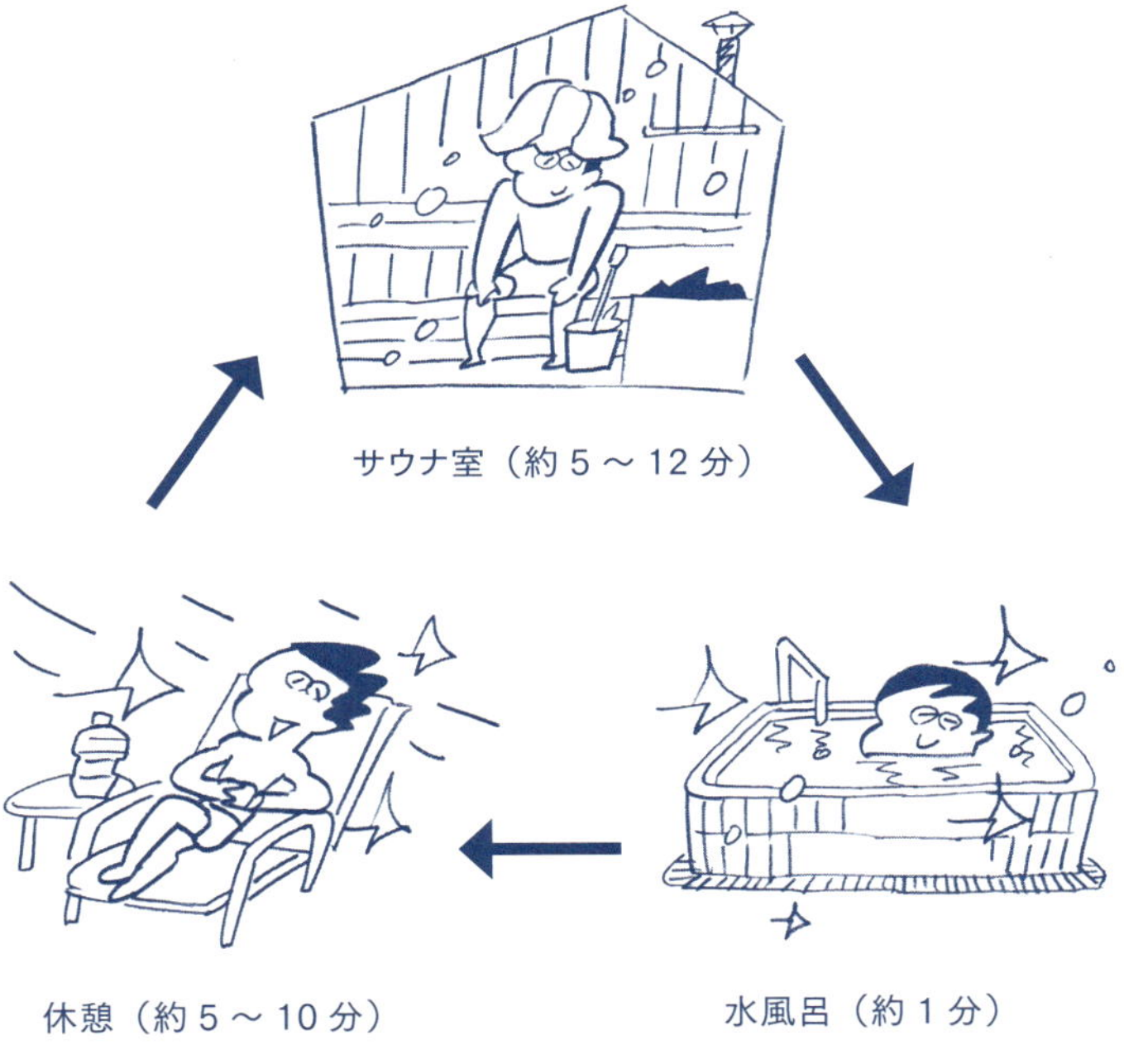

このサイクルを3セットするのが基本と言われていますが、その日の体調や気分で、時間も変更してOKです。前後でお風呂に入っても大丈夫です。タオルで汗や水分をふき取ることを忘れずに。

ポイント

・滞在時間を調整する

初心者は5～8分、慣れてきたら10～12分を目安にしましょう。また、『医者が教えるサウナの教科書』の加藤容崇先生が推奨するように、心拍数や脈拍を基準にするのも効果的です。通常の心拍数の約1.5倍（100～120拍/分程度）を超えたり、息苦しさを感じたら無理をせず休憩を取りましょう。

・座る位置を変えてみる

サウナ室のベンチの高さによって体感温度は約10℃も変わると言われています。1セットごとに座る位置を変えることで、温度の違いを楽しみながら自分に合った快適なポジションを探すのもオススメです。上段はより熱を感じ、下段は温度が穏やかで初心者にも入りやすい環境となります。

・水分補給を徹底する

発汗により失われた水分を補うため、サウナ前後にこまめな水分補給を行い、脱水症状を防ぎましょう。

・呼吸を意識する

サウナ室ではゆっくりと深い呼吸を心がけることで、体への負担を軽減しながらリラックス効果を高めます。

サウナ室

合言葉	**「まずは下段、サウナとの出会い」** サウナサイクル（サウナ室→水風呂→休憩）の第一ステップであり、心身をととのえるための最も重要なプロセスです。適切な温度と湿度の中で体を温めることで、発汗や血流促進を通じて健康とリフレッシュ効果を得ることができます。

重要性

・発汗とデトックス
発汗を通じて体内の老廃物や毒素を排出し、血流が促進されることで、代謝が向上し疲労回復やむくみの解消につながります。

・自律神経の調整
高温環境で交感神経を活性化し、その後の水風呂や休憩で副交感神経を優位にすることで、自律神経のバランスがととのい、心身のリラックス効果を得られます。

・精神的なリフレッシュ
サウナ室の静かな環境で心を落ち着けることで、日々のストレスや悩みをリセットし、新たな活力を得られます。

ポイント

・シャワーで手足を冷やす

水風呂に入る前に手足を冷やして体を慣らすと、スムーズに入ることができます。

・部分浴から始める

いきなり全身を浸けるのではなく、膝下だけ水に浸ける方法で徐々に慣れていきましょう。

・ぬるめの水風呂を選ぶ

水温が高めの水風呂から挑戦すると、冷たさへの抵抗感が少なくなります。16～20℃程度が初心者にも入りやすい水温です。15℃以下になると冷たさが強くなるため、慣れてきたら挑戦しましょう。

・息を吐きながら入る

私はよくやります。息を止めずにゆっくり吐きながら入ることで、リラックスしやすくなります。

・掛け水で体を慣らす

いきなり浸かるのが難しい場合は、掛け水で全身を少しずつ冷やしてから入ると効果的です。

水風呂

合言葉	**「3 秒の勇気を水風呂に」** 水風呂は、最初は私も苦手でした。でもいまでは、なくてはならないものになっています。水風呂はサウナ後の爽快感を最大限に引き出す重要なステップです。初めての方は足元からゆっくり入ることで心臓への負担を軽減し、短時間でも血流促進やリフレッシュ効果を実感できます。また苦手な方は右ページのポイントを試してみてください。 無理せず自分のペースで少しずつ挑戦し、水風呂の爽快感を楽しんでみてください。
重要性	**・血流促進と自律神経の調整** サウナで温まった体を水風呂で冷やすことで、血管が収縮・拡張を繰り返し、血流が改善されます。これにより自律神経がととのい、ストレス軽減や睡眠の質の向上につながります。 **・疲労回復と免疫力向上** 温冷刺激によって筋肉の炎症が抑えられ、運動後の疲労回復が早まります。また、体温調節機能が向上し、免疫力アップや風邪予防にもつながります。

ポイント

・時間を確保する

休憩は5〜10分程度が目安です。長すぎても体が冷えすぎるため適度な時間を意識しましょう。

・姿勢と環境をととのえる

椅子やベンチにリラックスして座り、背中を支えるなど快適な体勢を心がけましょう。あとは目を閉じて深い呼吸を。

・無理をしない

自分の体調や気分に合わせて、外気浴か内気浴を選択し、無理せず楽しむことが重要です。タオルやブランケット、靴下で体を温めてもよいでしょう。

・目を閉じて深呼吸する

副交感神経を優位にし、心身のリラックスを深めるため、目を閉じてゆっくりと深呼吸を行いましょう。4秒吸って8秒吐くリズムを意識し、脱力することで「ととのう」感覚を高められます。

休憩（外気浴・内気浴）

合言葉	**「休んで初めてサウナは完成する」** 休憩は、「ととのう」感覚を得るために欠かせないステップです。休憩には、外気に触れる外気浴と室内で行う内気浴の2種類があります。それぞれの特徴と重要性を説明します。
外気浴	サウナや水風呂で高くなった体温を外の空気で心地よく調整する方法です。椅子やリクライニングチェアに座り、リラックスした姿勢で深呼吸をすることで、体温がゆっくりととのい、血流が促進されます。自然の風や光に触れることで心が落ち着き、リフレッシュ感が高まるのも特徴です。
内気浴	外気に触れず、室内で行う休憩で冬にオススメです。水風呂後に体が冷えすぎるのを防ぎ、穏やかに体温をととのえられる点が魅力です。サウナ施設内のベンチや休憩スペースを活用し、静かに過ごすことでリラックスできます。
重要性	体にかかった負担を和らげ、血液循環や自律神経の働きをととのえる重要な役割を果たします。水風呂の後に休憩を取らずにサウナに戻ると、体が十分に回復しないまま次のセットを迎え、体調を崩すリスクが高まります。

このサイクルに「お風呂」を組み合わせることも気持ちよくてオススメです！　私はよくサウナの最初と最後にお風呂に入ります。

また、水シャワーもオススメです。夏は汗を抑え、さっぱり感が持続。冬は冷えすぎを防ぎ、快適に服を着られます。水風呂後に外気浴→30秒～1分の水シャワーが理想です。

冬は最後にぬるま湯で手足を温めるとさらに快適です。

まとめ

サウナには基本的なサイクルがあるが、気分や状態に合わせて、安全で無理をしない入り方を。

EPISODE 3

「いつでも・どこでも・だれとでも」楽しめるサウナの魅力

「ととのう」という感覚や入り方の心得はわかったけど、まだ敷居が高く感じられる方もいるかもしれません。

ただ、サウナは**初心者にも優しい存在**です。

その理由を「**いつでも・どこでも・だれとでも**」の3点セットでお話ししますね。

いつでも　〜年齢も経験も関係ない〜

「いつでも」というのは、まずタイミングの話です。

例えば家の近くに銭湯やスーパー銭湯、スパがあれば、この本を読み終えた1時間後にはサウナ室の中にいる、なんてこともできちゃいます。

施設によっては年中無休・24時間営業しているところもあります。すると、気が向いたときに、ふらりと訪れることができるのです。

そしてサウナを始めるのに、年齢も経験も関係ありません。

サウナは健康状態に不安や問題がなければ、何歳からでも始められます。

ちなみにサウナの本場・フィンランドの公衆サウナに行った際には、現地の子供からおじいちゃん、おばあちゃんと一緒にサウナに入り、老若男女で

楽しめるサウナの魅力を改めて体感しました。

また、**サウナは1日のうちで入るタイミングが決まっていません**。食事は1日3回と目安がありますが、サウナは好きなタイミングで、何回でも楽しめるのです。この自由さがサウナのもう一つの大きな魅力です。

そして極めつけは、「**サウナに道具はいらない**」。

サウナを始めるにあたって、専門的な道具は必要ありません。

そもそもサウナはお風呂やシャワーと同じ入浴方法の一つ。なんなら道具どころか「いま着ている服を脱ぐ」。つまり**なにも持たずに裸になることから、すべて始まります**。思い立ったら身体一つで行ける。それがサウナのよさです。

ただ余談ですが、サウナを好きになると、サウナハットやタオルなどのグッズはどんどん増えていきます（笑）。

私もよくご当地サウナのグッズを買いますが、グッズを手に取ると仲間と行ったサウナ旅の景色や、現地のサウナ室で会ったおじいちゃん同士の会話を思い出して心がときめきます。

こんまりさんの世界的ベストセラー『人生がときめく片づけの魔法』で語られているように、「自身がときめくものに囲まれて生きる」ことが推奨されています。**自分の「好き」や「ときめき」を軸に、自分らしさを表現**するアイテムの一つとしてサウナグッズを取り入れるのもオススメです。

どこでも　〜サウナはいつも、あなたのそばに！〜

生姜サウナ「金の亀」、スゴイサウナ赤坂店、サウナ東京、サウナ・リゾートオリエンタル赤坂、SPA:BLIC 赤坂湯屋……。

これらの施設はすべて、**赤坂見附駅から徒歩5分圏内にあるサウナ**です。私はそのときの気分に合わせてよく利用しています。

ここ数年、東京では新しいサウナ施設が続々とオープンしています。既存の施設も含めると、施設数の面でもとても身近になりました。

ちなみに日本最大級のサウナ施設検索サイト「サウナイキタイ」に登録された施設数は**14000件超**（2024年12月時点）。これはスターバックス（約1900店舗）の約7倍に相当する数です。

これだけサウナ施設があると、徒歩や自転車で行くご近所だけでなく、電車やバス、さらには飛行機に乗った先にもサウナがある、ということになります。そのときの気分に合わせてサウナを選べるのです。

例えば、仕事帰りは家から徒歩10分の銭湯サウナに行ったり、休日は車で郊外のスーパー銭湯に足を運んだり、東京から北海道にサウナ旅に行ったり。

まずはお手元のスマホやパソコンで、現在地から「サウナ」と検索してみてください。きっとそれほど遠くない場所、あなたに寄り添うようにサウナがあるはずです。

巻末に検索に便利なサイトをまとめました。ぜひ活用してみてください！

だれとでも　〜一人でも、みんなとも楽しめる〜

サウナはだれかと行かなきゃいけないものでも、一人がNGというものでもありません。**楽しみ方に人数の縛りがないのです**。

ゆっくり自分と向き合いたいときは一人で、そしてだれかと共通体験をしたいときには家族や友人と一緒に。

目的に合わせて、最適な人数を自由に決めることができる。

これこそが、サウナがいかにボーダーレスで、ほかに類を見ない存在だと思う理由の一つです。

経験、スキル、年齢、性別……一切関係なし！

また、**「勝ち負け」がないこと**もサウナの特徴の一つ。
例えば私は5歳からサウナが好きですが、「好き」とはあくまで**自分の感情**。これほどサウナが好きでも、**「やっぱりカワちゃんってサウナの入り方がうまいですね！」**と言われたことは一度もありません（笑）。
いつデビューをしても、自分のペースや気分に合わせた体験ができるサウナは、とてもフラットで間口が広いと思います。

「サウナには上下はない。ただあるのはベンチの上下だけだ」

これは有名なフィンランドのことわざですが、だれが偉いでも偉くないでもなく、サウナの前では、**だれもが平等でただ一人の人間**なのです。

まとめ

サウナは、いつでも・どこでも・だれとでも楽しめる、懐の深い存在。

EPISODE 4

人生を変える！「お気に入りのサウナ施設」との出会い方。

少しずつ、サウナのハードルは下がってきましたか？

ここからは実際にどのようにすれば、**自分にぴったりなサウナ施設＝お気に入りのサウナ施設**を見つけられるのかをお伝えします。

大好きなサウナ施設があるとサウナが習慣になり、あなたの人生もどんどんポジティブになるはずです。

初心者にオススメの出会い方

「サウナっておじさんたちが集まる場所でしょ？」

そうサウナを敬遠してしまう、若い方や女性の方。あるいは、楽しみ方がよくわからず、サウナに行かなくなってしまった方。

初心者には、初心者にオススメのサウナがあると私は思います。

ではどんな施設なら、サウナへの苦手意識が払拭されるのでしょうか？

オススメ①「ホームサウナ」に連れていってもらう

まず初心者は可能であれば、サウナ経験者がよく行くサウナ、通称「**ホームサウナ**」に連れていってもらうことをオススメします（ここでは「ホームサウナ」とは特別な思い入れがある、最も頻繁に通うサウナ施設と定義しますね）。

そもそも一人で初めて行くと、わからないことが次々と起こります。
「このタオルはどこに置いたらいいんだろう？」
「お風呂場へは館内着を着て行くのかな？」
「普通にサウナ室に入ったら、『マット交換の時間だから入らないで！』と注意されてしまった……」

その結果、**サウナを純粋に楽しむ余裕がなかった**という声も聞きます。

一方でサウナ経験者が一緒なら、サウナの作法や施設マナーを事前に知れて安心なだけでなく、通の楽しみ方を真似ることで**「気持ちいい」感覚もつかみやすい**です。

例えば、オススメの休憩スポット（この席は外の風があたって特に気持ちいい！とか）や、施設のイベントの楽しみ方など。

ほかにも「サウナの後に食べるのは**館内レストランの生姜焼き定食！**　有名ホテルの元料理長さんがつくっていて絶品だよ」といった常連さんならではの豆知識。「仕事がハードだったとき、ここのサウナと夜景で癒されて頑張れたんだ……」などのホームサウナの思い出話を聞きながら体験するサウナは、とても楽しいです。

サウナが好きな方が周りにいたら、ぜひ「**あなたのホームサウナに連れていってもらえませんか？**」と伝えてみましょう。一緒にサウナに行った相手とも、さらに仲が深まるはずです。

皆さんもホームサウナができたら、友人を連れていってあげてください。

オススメ②「アウトドアサウナ」を体験してみる

「アウトドアサウナ」とは、**自然の中で楽しむサウナ**のことです。キャンプ場やグランピング施設に併設されているほか、河原や山、海辺でイベントとして開催されることもあります。

（アウトドアサウナを利用する際は、事前予約や水着が必要な場合が多いので、訪れる前に持ち物やルールを確認することがオススメです）

最近では、テント型サウナを個人で所有する方も増えています。私自身もサイズ違いで2台所有しており、コロナ禍で外出が制限されていた際には、自宅の庭や友人の別荘で楽しんでいました。

森に囲まれて入るサウナでは、頭上から風の音や、葉がこすれる音、鳥の鳴き声などが降り注ぎます。薪ストーブのパチパチという音も最高です。

水風呂の代わりに海や川や湖の水と一体になって、プカーっと漂ってみたり、休憩ではただただ河原にある大きな岩の上に寝転んでみて、足に止まったトンボをボーッと眺めたりできます。夜には、満天の星が広がり、都会では味わえない深い静けさに包まれます。

季節ごとに変わる風の音や香りを楽しみながら、**「自然と自分がつながるような感覚（Connect With Nature）」「子供に還ったように遊ぶ感覚」「人間性を取り戻す感覚」**を味わえる。それがアウトドアサウナの醍醐味です。

五感を揺さぶる本能的な体験に魅せられる方は多く、私もその一人。

休日には、仲間と一緒に山梨県のキャンプ場でのテントサウナを楽しんでいます。サウナの後にみんなで河原でたそがれたり、焚火やバーベキューをしながら笑いあった時間は、いまでも鮮明に覚えています。

デジタルにあふれた日常から離れる意味でも、アウトドアサウナはとてもオススメです。

オススメ③「スパ」や「スーパー銭湯」に行ってみる

周りにサウナ好きがいない場合もあるでしょう。そんなときは、「**スパ**」や「**スーパー銭湯**」に行ってみましょう。

関東圏なら「**スパ ラクーア**」「**スカイスパYOKOHAMA**」（以下、スカイスパ）「**テルマー湯**」「**おふろの王様**」「**竜泉寺の湯**」、関西圏なら「**なにわ健康ランド 湯～トピア**」「**奈良健康ランド**」「**神戸サウナ＆スパ**」「**サウナ＆カプセルアムザ**」（アムザは男性専用）などがオススメ。

なぜこうした施設が初心者にオススメなのか、町の銭湯との違いを踏まえてお伝えします。

まず、「スパ」や「スーパー銭湯」は**浴場エリアが広い**です。

多くの銭湯の浴場はどうしてもキャパシティが限られており、人口密度が高くなりがち。するとほかの利用者と干渉する機会も増え、のびのびと使えないこともあります。

さらに銭湯は**地域密着型**。毎日通う方も多いため、「この席、私がいつも座ってるんだけど……」といった**施設特有の暗黙のルール**が存在する場合があります。ルールを知らずに破ってしまい、お叱りを受けるなんてこともあるのです（本来「ここは自分の席」という考え方はないのですが、常連さんが多い場合、どうしても発生しがちです。そんな独自ルールの発見が楽しかったりもするのですが、初めてのサウナだとびっくりしますよね）。

一方、「スパ」や「スーパー銭湯」では施設の利用ルールがしっかりと掲示されていることも多く、暗黙のルールは生まれにくいです。

利用ルールを読んだ上でわからないことがある場合は、**周りの利用者の方をじっくりと観察**してみてください。

特に、気持ちよさそうにサウナを楽しんでいる方は、施設によく通っている可能性が高いです。その人の動きを観察すると「なるほど、ロウリュをする前には一言声かけをするんだな」といった具合に、気をつけるべきポイントが見えてきます。

「ロウリュ」とは、フィンランド語で「蒸気」「魂」という意味。サウナストーンに水をかけて蒸気を発生させ、広がった熱い蒸気で体感温度を上げるフィンランド式の入浴法です。

私もサウナ初心者の頃は、周りの人を真似していました。郷に従い、まずは周りと同じようにやってみる。ドキドキしながらロウリュをした後、周りが穏やかに受け入れてくれたときは、とびきり嬉しいものです。

現在サウナ施設はとても多様化し、銭湯やスパ・スーパー銭湯以外にもいろんなところにあります！ そのほんの一例をご紹介します。

サウナ施設のざっくり分類

銭湯	昔ながらの公衆浴場で、主に地域住民が利用する。エリアによっては、入浴料金が一律で設定されている。
スーパー銭湯	多彩な浴槽や広めのサウナ、食事、休憩スペース、リラクゼーション設備が充実。
スパ（都市型スパ）	ラグジュアリーで都会的な施設が多く、リゾート感を味わえる。岩盤浴やエステ、マッサージがあることも。
温泉旅館・ホテル	温泉や宿泊を楽しめる施設にサウナを併設。露天風呂や外気浴が加わることも。地域の魅力が出る。
サウナ専門施設	ととのうための環境が最大化されている。男性・女性専用などと特化することも。
カプセルホテル・ビジネスホテル	宿泊客向けにサウナを設置。大浴場と併設していることも。出張時のビジネスパーソンの味方。
アウトドアサウナ	自然の中でサウナを楽しめる。湖や川での外気浴が魅力。テントサウナやバレルサウナも。
ジム・フィットネス併設型サウナ	スポーツクラブやジム内に併設されたサウナ。運動後のリカバリーやリラックスが目的。

カワちゃんの「目的別オススメサウナ」

サウナ好きの私が最も聞かれる質問第1位。

それは、「**カワちゃん、オススメのサウナはどこ?**」です。

聞いていただけるのはとっても嬉しい。ですが、目的や楽しみ方によってオススメできる施設は異なります。どの施設にも個性や魅力があるからです。

そこで本書を読んでいただいている皆さんに、私の好きなサウナを項目別にお伝えしますね。

まず、あなたの気分や目的に応じた最適なサウナのタイプを見つけるために、以下の質問に答えてみてください。

Q1. 今日の気分は?

- □ とにかく疲れを取りたい、癒されたい
- □ しっかり「ととのう」体験をしたい
- □ 友人や仲間とワイワイ楽しみたい
- □ ちょっとリッチな時間を過ごしたい
- □ 新しい体験・刺激を求めたい

Q2. だれとサウナに行きたい?

- □ 一人でじっくり
- □ 友人・仲間と
- □ 恋人・パートナーと
- □ 家族（子供や親と）

Q3. サウナ施設に求めるものは?

- □ 高温サウナ（しっかり熱さを感じたい）
- □ ロウリュ・アウフグース（熱波を浴びたい）
- □ 外気浴スペース（自然の中でととのいたい）
- □ 水風呂（強冷・ぬるめ・炭酸泉など）
- □ プライベート空間（個室サウナ・貸切可）
- □ 温泉やリラクゼーションも楽しめる
- □ 食事・ドリンクの充実度

選んだ選択肢から、以下のようなサウナが向いている可能性があります。

1人でじっくり＆疲れを取りたい	→ 静かなプライベートサウナ・温泉併設型
友人とワイワイ＆新しい体験をしたい	→ アウフグースやイベントが充実したサウナ
恋人とリッチな時間＆プライベート空間	→ 個室サウナ・ラグジュアリー系
しっかりととのいたい＆外気浴重視	→ 外気浴スペースが広く、水風呂の種類が豊富な施設

P.304に「**マイサウナガイドシート**」を用意しました！　これはあなたのお気に入りのサウナをシーン別にリスト化し、いざというときに活用できるシートです。

左が私の記入例ですので、皆さんもP.304にあるシートに記入してみてください。

前ページの質問とセットで活用することで、その時々のベストなサウナ体験を選びやすくなるはずです。

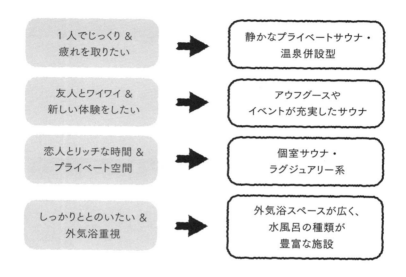

マイサウナガイドシート

	シーン	施設名やオススメポイント
1	1人でゆったり 過ごしたいとき	橘湯（神奈川県川崎市）→街の銭湯ならではの番台や常連のおじいちゃんに会いに。露天風呂と黒湯も楽しみ。 ニューウイング（東京都墨田区）→1人の世界を堪能できる男のオアシス。ボナサウナやプールを堪能した後は、館内着で寝転べる。
2	友人や仲間と 交流したいとき	RAKU SPA（神奈川県鶴見ほか多数）→駅から直通バスがあり、駐車場は大きく車でも安心。昼からマンガを読んでダラダラしたい。 なにわ健康ランド 湯～とぴあ（大阪府東大阪市）→華やかな館内着でサウナを堪能した後は、食事やお酒を飲みながら交流。
3	恋人や パートナーと 過ごすとき	テルマー湯（東京都新宿店など）→大きなお風呂でのびのび過ごせる。マッサージや食事、ショッピングも楽しめる。 KAMAKURA HOTEL（鎌倉市）→街中散策の後は宿泊と組み合わせて堪能。朝ごはんのおにぎりもオススメ。
4	疲れをしっかり 癒したいとき	リセラボ（東京都三軒茶屋など）→個室サウナで自分と向き合った後のヘッドスパは、心身がすっきり。 北欧（東京都台東区）→1人でゆっくりととのった後は、足裏マッサージ。そしてリクライニングで仮眠。
5	はじめまして 同士の ビジネス交流会	サウナランド浅草（東京都台東区）→10人規模の貸切可能で幹事も安心。都内では珍しい薪ストーブのサウナで、火を見ながら緊張がほぐれる。キッチンで同僚の新しい側面が見つかるかも。 アスティル（東京都港区）→新橋のビジネス街の中と好アクセス。みんなで同じガウンに身を包み、サウナからのビール。
6	仕事帰りに さくっと 入りたいとき	パラダイス（東京都港区）→回転率も高く、和の空間が心地よい。まわりに居酒屋も多く会食にも便利。 コナミスポーツクラブ→日常のコンディショニングのために、水泳やトレーニングを。ジム併設のお風呂とサウナに入れる。
7	サウナ旅で行って よかったエリア	長野　松川館→The Sauna→sambo saun 佐賀　オクチル→らかん→OND SAUNA

自分の「好き」に素直になろう

さぁ、サウナデビューはできましたか？

ここからはデビュー後のサウナの楽しみ方についてお伝えしていきます。

オススメ① 口コミはほどほどに、施設の好きなところを「自ら」見つける

スパなどでサウナに慣れてきたら、次は銭湯やちょっと遠方の施設にも足を運んでみましょう。自分の知らない施設を探したり発見したりすることも、サウナライフの醍醐味の一つです。

ただ、ここで大切な心構えがあります。

それはサウナを探すときも、**自分の感度に素直になって、口コミを意識し**

すぎないこと。

「いいな」という感覚は人によって異なりますし、その人のその日の気分によっても変わるもの。特に熱い、冷たいという感覚は人によります。

ですので、口コミや評判をチェックするのは参考程度にして、まずは**新しいサウナと出会えるワクワク感を楽しんでみてください。**

ちなみに私がいつも新しいサウナ施設を訪れるときは、日本から飛び立って海外に到着し、飛行機を降り立った、あの一歩目くらいにワクワクしています（笑）。

オススメ② 自分の「好き」を知り、さらに深める

そしてサウナ好きをさらに深めていく上でオススメなのが、**自分の「好き」という感情の深掘り**です。

サウナ施設は「サウナ室・水風呂・休憩（外気浴・内気浴）」の3つの観点で語られがちですが、実はそれ以外にもたくさんの魅力があります。

例えば、私は**サウナ施設の外観やエントランス（玄関）が好み**です。

埼玉県にある「湯乃泉 草加健康センター」の、正面からドーンと広がる施設のビジュアルは、**それだけでお酒が飲めちゃうくらいに惚れぼれします**。

また「スカイスパ」であれば、**エレベーターホールに足を踏み入れた瞬間に鼻腔をくすぐるブラックフォレストのアロマ**。それを味わいながら受付に向かう足取りには、躍動感すら湧いてきます。

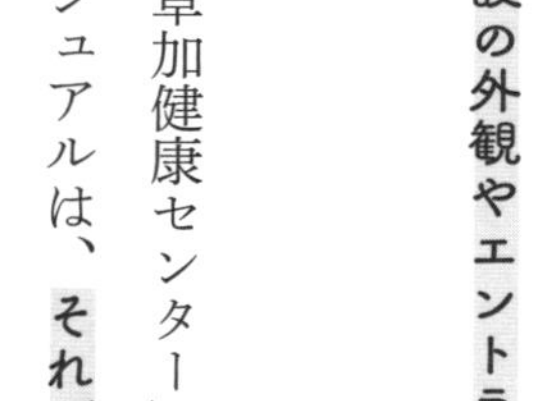

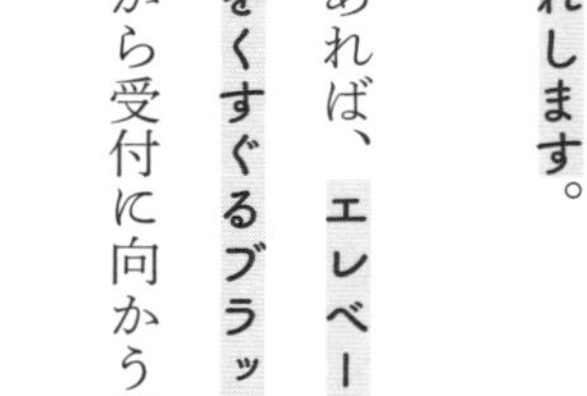

ほかにも、私の周りのサウナ好きからは、

「炭酸泉でポカポカして、あぁ〜っと声を出すのが好き」

「館内着で施設の名物サウナ飯を食べるのが好き」

「清掃やタオルの片付けをテキパキとされているスタッフの方を見ると、自分も仕事を頑張ろうと思えて好き」

「いつも1137（いいサウナ）のロッカー番号を選ぶのが好き」

といった声も聞きます。


そう、**「好きなサウナ施設」といっても、理由は必ずしもサウナ室に限る必要はない**のです。

施設には、ほかにもまだまだコンテンツがあります。マッサージチェアやカプセルホテルのベッド、宴会スペースやヨガのイベントなど。

ちなみに私はサウナ施設の館内着も大好きなので、家でもルームウェアに館内着を着て幸せな気持ちになっています。

まとめ

「好き」に理由はいらない。
あなたの「好き」という感情をどんどん解放しよう！

EPISODE 5

自分を大切に「ねぎらいサウナ」

皆さんに質問です。

「最後に自分を褒めたのは、いつですか？」

家事や育児、仕事に勉強……。毎日やらないといけないことはたくさんあって、本当に忙しくお過ごしかと思います。

ですが、そんなあなたにこそ、サウナに行ってみてほしいのです。

サウナは日常に「ヨハク」をつくり、ホッと息抜きができる場所。慣れればたったの60分、銭湯サウナなら1000円そこそこで、まるで**生まれ変わったような気持ちになれるから。**

ここからは私が日々一人で実践している入り方、通称「**ねぎらいサウナ**」をご紹介します。なかなかテンションが上がらない日こそ、サウナでぜひリセットしてみてください。

施設入館前
～100%自分の味方になろう～

一人でサウナを楽しむとき、私が心に決めていることがあります。

それは**100%、自分の味方になる**ことです。

まずはサウナ施設に着くまでに、いまの自分を言語化しながら、**自分のために時間をつくったことを思いっきり褒めてあげましょう。**

ちなみに私の場合はこんな感じ。サウナ施設までの道中を、さながらテレビ番組のロケのように妄想レポートしています。

「……会社帰り、中目黒駅にやってまいりました。

今週は新しいプロジェクトもありました。出張もありました。最近は寝不足も続いていて、なによりサウナになかなか行けませんでした。

『あっ、あの資料つくらなきゃ、でも、今日急いでやらなくてもいいか』

そんな気づきがあったおかげで、なんとか捻出できたこの1時間。

素晴らしい判断、よく頑張りました。自分、偉い。

そして本日ようやく来れたサウナがこちら、私が大好きな銭湯の一つ、光明泉です！

こちらの銭湯、隔週で男女のお風呂エリアが入れ替わるのですが、今日はお気に入りの屋上露天風呂の日なのでしょうか？

それでは早速、脱衣所に向かいましょう……」

ここまで細かくなくとも、静かに淡々と「今週、長かったなぁ……」と振り返っても、もちろん大丈夫。

大切なのは**自分と向き合い、しっかり褒めてあげること**。

些細なことでも自分を褒める習慣を持つことで、前向きな気持ちで人生を楽しめるようになります。

サウナ前
～鏡で自分の姿をじっくり観察しよう～

やるべきことに追われていると鏡を見るのもおざなりになり、自分の顔つきや身体の変化にも気づきにくいですよね。

なのでサウナに入る前にこそ、**鏡でじっくりといまの自分を観察してみてほしい**のです。

「なんだか、こわばった顔しているな……」

「パッと見、顔色が悪くてちょっと不健康そうだな……」

鏡に映る自分の表情や身体には、情報がたっぷりと詰まっているもの。だからこそ「疲れきった自分を見たくない」という方もいるかもしれません。

ですが、安心して、まずはやってみてください。そしていまの自分をフラットに知った上で、いざサウナに向かいましょう。

サウナ室内
〜自分をとことんねぎらい尽くそう〜

瞑想やマインドフルネスという言葉とともに、「ありのままの自分と向き合い、ただ観察する」という考え方も広がりました。

私としてもサウナ室では、無心になって自己と向き合いたいのですが、実際、それってとても難しい。

雑念は次から次に湧いてきますし、うまく瞑想できないことで逆に気持ちもソワソワしてしまうことがありました。

だったら湧いてきた感情をそのまま受け止めながら、**その倍以上、自分を褒めてあげてください**。

「今週は正直忙しかったけど、自分は本当によくやった」

「あの交渉、結構苦しかったなぁ。でも、粘り強くよくやった」
「うまくいかなくても大丈夫。よく向き合っていた」

なにかを成し遂げるために、どれだけハードにやってきたかは、**自分が一番わかっています**。だからサウナの中くらいは、毎日頑張っている自分の肩にポン、と手を置いてあげる。そんな時間にしてほしいのです。

そうはいっても「**自分で自分を褒めるなんて……とてもできないです**」と相談されることも、実はよくあります。

内省するうちに「あの人にあんなこと言っちゃったな……」「なにやってるんだろう、私ってやっぱりダメだな」と負のループに陥ってしまう、と。

そういう方にぜひ実践していただきたいのがこちら。

「**温浴施設でちょっといいことをする**」です。

例えば洗い場が満席のとき、後から来た人にちょっと席を譲る。タオルが落ちていたら、そっと拾って置いておく。ドアが開きっぱなしだったら静かに閉める。

私はよく、人気のサウナ室が満室の場合、「どうぞどうぞ」と譲ってほかのエリアを楽しみます。そして、サウナ室から出てきた人が気持ちよさそうな表情をしているのを見るのが好きです。

なんでもいいので、周囲に気を配ってみてください。

日頃から多くの建築設計に関わる私から見ても、**お風呂場ほど人の親切が連鎖している場所はほかにありません**。

そして小さな親切が重なると、空間には「ありがとう」という感謝の空気があふれていく。これほど平和な場所もないのです。

だったら、**あなたもその循環の一員になりませんか**。

ほかの人や施設にとっていいことをすると、小さな成功体験になります。すると、普通にサウナに入ったとき以上に気持ちのいい時間が訪れますよ。

サウナ後 ～生まれ変わった自分とご対面～

さぁ、サウナを終えたらもう一度、**全身を鏡で見てみてください。**

むくんでいた顔はスッキリして、顔色はよくなり、表情もゆるんでいるはず。60分前の疲れていた自分はリセットされ、すっかり新しい自分になったような感覚を持てると思います。

そして、最後の仕上げ。

鏡を見ながら、口角を上げてニコッと笑ってみましょう。

「笑ったのなんて久しぶりかも」と思ったら、これからの毎日に少しずつ、笑顔を取り入れてみてもいいかもしれません。私も仕事でプロジェクトが忙しくてなかなかサウナに行けなかった時期があり、そのときに「ああ、自分には余裕がなかったんだ」と気づいたことがありました。

自分のためだけにサウナに行く、**それは決してワガママなことではありません。**ぜひ大きな湯船にゆっくりと浸かり、サウナでたっぷり汗をかいて、自分に優しくなってください。

まとめ

自分がごきげんになったら、周りの人にもちょっと優しくなれる。

EPISODE 6

勉強や会食前にも使えるサウナ活用術

一級建築士にサウナで合格!?

読者の中には、自分の夢や目標を叶えるために、試験や資格勉強に励む方もいらっしゃるかと思います。私も、その一人でした。

27歳の春、大阪から新天地・東京に転勤となった私は、とにかく刺激的な毎日を過ごしていました。
当時、建築の設計や工事に関わる業務に携わっていたのですが、大きなプロジェクトでも余裕があり、仕事がバリバリできて楽しそう！と思える方たちの、ある共通点に気づきました。

それは名刺の肩書きに「**一級建築士**」と添えられていたこと。
私はいただいた名刺で「一級建築士ファイル」をつくり始め、ズラリと並んだ名刺を眺めてはこう考えるようになりました。

「一級建築士は建設業界で働く人間にとって社会的に重要な目標の一つ。この資格を取って、ここに自分も仲間入りして活躍したいなぁ」

ですが、調べれば調べるほど、一級建築士はめちゃくちゃ難しい。
ただ、**自分のチャレンジとして、これほど燃えるものはない**。

こうして合格率約10%、高度な専門知識と実務経験が必要な超難関資格である一級建築士を取ろうと決め、3年間勉強漬けの日々が始まったのです。

会社員での資格勉強はとにかくキツく、常に疲労や睡魔との戦いでした。

しかし、振り返ってみて一つだけハッキリと言えることがあります。

それは**サウナがなければ一級建築士に合格していない**、ということです。

サウナで「1日が2回やってくる」

仕事終わり、クタクタで臨む予備校の授業は、眠気で頭がボーッとしてしまい集中できない。終電まで勉強しても、正直なかなか捗りませんでした。

試験範囲は広く、覚える量もとにかく多い。模試の結果も、合格ラインにはほど遠い。

それだけ高い壁に挑戦しているんだと自分を鼓舞しながらも、「いまのままではいけない」と心のどこかで焦っていました。


そんな苦しい日々を過ごしていたある日。仕事終わりに近所の「**東京荻窪天然温泉 なごみの湯**」(以下、なごみの湯)にふらりと向かいました。

いつものようにサウナに入り施設を出ると……**明らかに、なにかが違います**。視界がとにかくクリアで、身体が充電されたような感じ。たとえるならば、**もう一度、朝がきた感覚です**。まるで「精神と時の部屋」だなと。

「いま夜の8時なのに、この現象ってなんなんだろう……?」

驚きはさらに続きます。「なごみの湯」を後にしていつものように勉強をすると、**勉強内容が頭の中にどんどん入ってきたのです!**

「あの朝のような感覚」が集中力を取り戻し、覚える力を引き出してくれているのだと実感しました。このとき私は、サウナが1日の「2回目が始まる」体験を可能にしてくれると気づいたのです。

このような衝撃的な体験をした私は、毎日の過ごし方を変えました。まず仕事を終えたらサウナに入り、**自分の中でその日1日を終えてしまう**。そして新たな1日を迎えて、2〜3時間勉強をする。夜はぐっすり寝て、朝早くから勉強スタート。そんな習慣を、意図的に始めてみたのです。

実はサウナに入ることで、自然と思考がリセットされ、**脳の疲労が取れていた**のです（このメカニズムをさらに詳しく知りたい方は、加藤容崇先生の『医者が教えるサウナの教科書』を参考にしてみてください！）。

アウフグースで自分の予定をマネジメント

「アウフグース」とは、ドイツ発祥のサウナプログラム。サウナ室内でサウナストーンにアロマ水をかけて発生した蒸気を、大きなタオルや扇子などでかきまぜ分散させ、発汗を促進します。

私のとても好きなプログラムの一つです。

施設によっては、アウフグースが何時から実施されるか決まっています。

そこで、**アウフグースの時間から逆算して、勉強のスケジュールをマネジメント**するのです。

まず、勉強ができそうなコワーキングスペースがある施設を探しておきましょう。会社や自宅からの動線に組み込める施設だとさらに便利です。そして、その施設のアウフグースの時間を事前にチェックしておきましょう。

神奈川に住んでいる私がよく利用するのは、横浜の「スカイスパ」です。動線もよく、勉強とサウナを両立できるお気に入りの場所です。

アウフグースの時間まで猛勉強。そしてアウフグース。そしてまた勉強。アウフグースの力強さ、一生懸命さ、終わった後の拍手に、**自分も元気をもらえます**。

試験勉強は基本的には「孤独」なもの。合格という高い壁に向かって、不安の中、孤軍奮闘するものです。

ですが、そこに、サウナという**最高のご褒美**を取り入れてみてください。

もし寝てしまったとしても自分を責めなくて大丈夫。それは疲労からくる身体のサインです。健康を害してまで実施するものではありません。

一級建築士に合格するまでの丸3年、総勉強時間は2100時間超。**頑張る私を常に支えてくれたサウナ。**いまも相棒として活用しています。

気持ちにヨハクが生まれる「会食前サウナ」

初めてのクライアントとの会食前。そんな緊張する大切な予定の前、皆さんはどのように過ごされていますか？

こんなとき、予定の1時間前にサウナに行ってみませんか。

いつもより緊張する場面では、頭の中もそのことでいっぱい。なかなか気持ちに「ヨハク」がありません。そんなときこそ、頭はスッキリ、身体はサッパリするサウナがオススメです。

実際「**会食前サウナ**」は、私の欠かせない習慣です。

仕事を早く終えて、18時〜19時までサクッとサウナ。もし入れないときはシャワーだけでも効果的。そしてその後近所の会食場所へと向かう。

サウナ室の中では「今日どんな話をしようかな〜」と自分が話したい内容やテーマをシミュレーションします。

するとグルグル考え続けていた頭が整理されていくだけでなく、サウナの熱さもあって、次第に思考から感覚の世界へとモードが切り替わっていきます。興奮していた気持ちも、ゆるやかにオフになっていくのです。

サウナ後は身だしなみをととのえ、清潔感アップ。第一印象もよくなるでしょう。

心がほぐれたおかげで、いつも以上に笑顔もあふれ、あなたの魅力がより伝わるはずです！　**なによりサウナの後のご飯は格別の美味しさ！**

本当にオススメです（お腹が空いてきました）。

まとめ

あなたの実現したい目標や大切な予定にも、サウナが役立ちますように。

EPISODE 7

安全に楽しいサウナライフを送るために

サウナは入り方次第で健康を損なうことも

私は過去にサウナ入浴中に危険な状態に陥り、フラフラになった経験があります。その際、私は医者ではありませんが、リスクの仕組みを理解していたため、一時的な対処を行い大事に至りませんでした。

それ以来、サウナ施設で体調が悪そうな方に声をかけ、助けた経験も何度かあります。

サウナは、リラックスや健康促進に最適な空間です。

ただ、サウナ室内での火傷や脱水症状、一酸化炭素中毒といったリスクに加え、入浴後の転倒やのぼせなども注意すべきです。

例えば、運動やお餅と同じです。適切な方法を守らなければ、体調が悪化したり、重大な事故につながることがあります。サウナライフを安心して楽しむためには、「利用者・運営者・設計者」の三者が協力し、安全性を第一に考える姿勢が重要です。

厚生労働省のデータによると、冬季に発生する自宅での入浴中の死亡事故は、交通事故死を約7倍も上回ると言われています。特に高齢者に多く、浴槽内で発生する溺水事故が主な原因です。

これらの事故は、次のようなメカニズムで起こります。
①水圧が体にかかることで血圧が急激に変化する
②血圧の変化により脳が貧血状態になり、意識を失う
③意識を失った状態で溺れてしまう
また、急激な温度変化によるヒートショックや、浴室内での転倒もリスクとして挙げられます。これらを防ぐためには、浴室を適温に保つことや、自分の体調を把握し無理をしないことが重要です。

事故防止のためのアドバイス

重要なのは、**自分や他人を守れる知識を持ち、それを行動に移す**ことです。
次のようなことを意識すると事故防止につながります。

事故防止のためのアドバイス

1	水分補給をしっかり行う	サウナに入る前、入った後には水を飲みましょう。脱水症状を防ぐことが重要です。
2	日頃から自分の体調を感じ取る	疲労や風邪気味のときは、無理せず入浴を控えましょう。
3	無理をしない	サウナ室での長時間滞在やガマン比べは避けましょう。
4	異変を感じたら助けを求める準備をする	気分が悪くなったら無理せずスタッフや周囲の人に声をかける勇気を持ちましょう。
5	混雑時を避ける	密集した環境では転倒や接触事故が起きやすくなります。
6	入浴前後のアルコール摂取を控える	飲酒しながらのサウナは厳禁です。楽しい気分になるのは理解できますが、これが原因で深刻な事故が起きることがあります。

7	外気浴を適切に行う	冷えすぎないようにタオルなどで体を保護しましょう。
8	周囲の状況を把握する	緊急時に備え、避難経路や非常口の確認をしておきましょう。施設内の緑色の非常口マークを探すのもよい習慣です。
9	体調がよくないときは控える	発熱やめまいなどを感じたら無理をせず休む。
10	適切なインターバルを取る	サウナと水風呂を繰り返す場合は、休憩時間を十分に確保しましょう。
11	施設のルールを守る	特に初めての施設こそ、利用規則やマナーを確認しましょう。
12	食後すぐの利用を控える	消化不良が起きやすく、気分が悪くなる可能性があります。

サウナは、正しい知識と安全対策があれば、私たちの生活を豊かにする素晴らしい存在です。安全に、そして楽しくサウナを楽しむために、私たち一人ひとりができることを実践していきましょう。

まとめ

安全面や正しいマナーの知識を身につけて、みんなでサウナを楽しもう！

マンガ家・日本サウナ大使
タナカカツキ

1966年大阪生まれ。1985年マンガ家デビュー。著書には『オッス！トン子ちゃん』『サ道』、天久聖一との共著『バカドリル』などがある。カプセルトイ「コップのフチ子」の企画原案、サウナ特化型施設「渋谷SAUNAS」のプロデュースなど幅広く活動。

いま、改めて伝えたい！サウナ大使と語るサウナの魅力

これからサウナデビューされたい方へ、日本サウナ大使のタナカカツキ氏とサウナ歴35年のカワちゃんからエールをお届けします。サウナデビューをしたい方も、すでにサウナが大好きな方も、ますますサウナに行きたくなること間違いなしです。

まずは「サウナって面白いかも」って思ってもらう

川田　カツキさんは自分なりのサウナの入り方が身体に染みついていると思いますが、「これから初めてサウナに入ります」みたいな人が目の前に現れたらどうします？

カツキ　まずは「**おめでとうございます**」ですよね。

川田　「新しい毎日にようこそ、おめでとうございます！」ですね（笑）。

カツキ　そう、サウナがあると急に楽しくなっていくから。健康にもつながるしサウナはどこにでもあるし、いいことしかないでしょう。

川田　サウナの世界は上下もなくてフラットだ

から、私たちとしても仲間が増えた感じですよね。カツキさんもサウナ初心者さんと一緒にサウナに行くことってあるんですか?

カツキ　ありますね。大学で教えていた頃、生徒を連れていってました。20歳前後の方が多かったので、子供の頃にサウナを見たことはあるけど、ある程度の年齢になってから行くのは初めて、みたいな。**そんな方が、「ロウリュ」とか「アウフグース」とかを見ると衝撃**なわけですよ。

川田　「なんだこれは!」ってなりますよね(笑)。

カツキ　アウフグースだったらタオルが空中で回転してるとかって……。学生さんからしたらもちろん初めてで、それってもう魔法の世界でしょ。タオルくるくる〜って、キャッチしてとか。

川田　しかもそれを裸で見てるっていうね(笑)。

カツキ　「サウナっていまこんなことになってるんだよ」って言ってね。だからサウナが初めての人には、一人でジッと入る施設より、アウフグースみたいな衝撃体験を味わっていただいたり、ロウリュをしてみてもらいます。

川田　サウナって「熱い空間でガマン大会」っていうイメージもあると思いますけど、アウフグースやロウリュを体験しているうちに、「いい香りだなぁ」「面白い」とかって自然と興味も湧きますよね。

カツキ　初めからお作法通りに「サウナ室↓水風呂↓休憩」をするのはめんどくさいし、「ととのう」とか「リラックスする」とかも慣れてなくて、難しいと思うんです。なのでまずは、「**サウナって面白いかも**」って思ってもらうのがスタートかなって。

川田　リラックス体験ならお風呂でしたことがあるかもしれませんが、「楽しい!」「ワクワクする」っていうところからサウナを知ってもらうのはいいですよね。

サウナにあふれる「配慮の芸術」

カツキ　ただ、初めてサウナに行くときって、とにかくわからないことだらけだと思うんですよ。近所の銭湯に「サウナ」って看板があって行ってみたら、番台で「サウナは別料金なんだ……」って知ったり。そしたら番台の人から、抽象的なオブジェみたいなモノを渡されて、「これどうやって使うんだろう」って戸惑ったり。

川田　「サウナ室の鍵」ですね。いまだに下に引っ掛けて引くのか、上に引っ掛けて引くのかよくわからず、さしてる途中で抜けたりします(笑)。

カツキ　「これってサウナ室で使うものなんだ！」とわかったときは、びっくりしましたよねぇ。本当になにもわからないから、**とにかく周りの人を観察して真似する**しかないですよね。

　私も初めはひたすら真似してました。信じられないくらいツルツルの、陶磁器みたいなおしりをしたおじいちゃんとかを見つけて「サウナ室ではこんなふうに座ってるんだなぁ」とかね。

川田　周りの人を観察して真似するのは、私もよくやりますね。

　そうやってよく観察した上で「ロウリュしていいですか……？」ってドキドキしながら言うと、強面のおじちゃんが「どうぞ」って言ってくれたりして。不思議と一体感も生まれますよね。

カツキ　ロウリュって周りからも注目されるし、タイミングも合ってるのかなって思うよね。でもロウリュすると、ふぁ～っと蒸気が上がって、みんな気持ちよさそうな表情を浮かべて……ステージで喝采を受けてるような、一人ひとりと握手したくなるような。あの独特なムードもいいですよね。

「いまロウリュしても大丈夫かな」「なんて声かければいいのかな」と考えているサウナ室の空間には、**細やかな気遣いのテレパシー**みたいな、まさに**「配慮の芸術」**がそこにあると思ってうっとりします。

川田　名前も知らないこの人たちと空間をともにするのも、いまが人生最初で最後なのかもしれない。けれど、**ロウリュをすると、そこにいるみんなとつながれる感じがします。**

自由なサウナを自由たらしめるモノ

カツキ　一方でサウナ室に、「あれはダメ」「これはダメ」っていう張り紙が貼られまくっていたり、「ロウリュは砂時計が落ちてから」といったルールがたくさんあると、「配慮の芸術」は生まれないですよね。本来サウナは自由なものなのに、傷心します。

川田　施設の方も苦労されていて、よく相談を受けますね。そう考えると、今後サウナ施設も二極化していきそうですよね。張り紙などでの注意喚起を徹底するところと、自分たちで考えて気持ちいい環境をつくりましょうっていうところと。

カツキ　これってマナーが悪いところは、マナーが悪いような「しつらえ」になっているとも思うんですよね。張り紙を貼ることによって「この施設にはマナー違反をする人がたくさんいるんだな」と感じて、自分も不思議とマナーをおざなりにしてしまう心理になっていく。

美術館や神社って、張り紙なんてなくても悪いことをしようとはならないですよね。それは**「自分もこの場所を大切に扱いたい」**っていう気持ちが生まれるような「しつらえ」になってるからだと思うんです。

だからサウナ施設にも、例えば自然素材の切り株や天然石が置いてあるところには、神聖さを感じて、それに合わせた振る舞いをするようになると思うんですよね。

川田　この本に出会ってくれた方が、「みんなとよりサウナを気持ちよく利用できるには?」を考えて施設とともに配慮し合えると素敵ですね。

サウナが唯一無二なのは「裸」だから

カツキ　あとサウナが特別だなぁって思うところとしては、**いろんな「リラックス」ができる場所**であること。

リラックスっていろんな段階があると思うんですよね。例えば健康ランドの食堂でビンゴ大会をして、家族でわいわい賑わうお祭り的なものであったり、あるいはサウナ室で相撲やプロ野球を観戦してスッキリしてから、ビールを飲むっていうものもあったり。フィンランドのように暗いサウナ室で静かな気持ちになって、自分の生活を顧みたりね。

こういったリラックスができるのって、やっぱり**サウナは裸で入るから**だと思うんですよ。

川田　「パブリック×裸」ですよね。全く知らない人と一緒に。

カツキ　「裸でいる」って、**人間の野性に響く**と思うんですよね。身体の底から歓喜しているというか。サウナにいると、**とんでもなく原始的なこと**をやらせてもらっているなぁって感じます。

川田　普段は暑かったら服を脱ぐとか空調をつけるとか、自然と自分でバランスを取っていますが、サウナでは自ら熱さを求めている。逆行していますよね（笑）。なのに気持ちがいい。

自分の「現在地」を知れる

川田 あと「裸」で思ったのが、更衣室で服を脱いだときって、**お客さんの顔がちょっとほぐれてる**んですよね。それは「服」っていうフィルターがなくなるから。そうして鏡の前に立つと「本来の自分ってどんな状態なんだっけ」って確認できる気がするんです。

カツキ Google Mapのピンに似てますね。どんなに遠くにいても、「現在地」をタップするとビュンって戻ってこられるっていう。

いまって社会の動きがとんでもなく速くなってしまったし、これからどうなるかも想像できない。みんな四六時中、うっすらと迷子の状態が続いてると思うんですよ。

だから**何度も「現在地」を確認する行為がサウナに行く**ってことなんじゃないのかなって思いますね。

川田 普段って短期視点で物事を考えることが多いと思うんです。「あのトラブル、なんで起きちゃったんだろう」「明日のあの予定、どうしようかな」とか。だけど、サウナに行って**現在地がわかるからこそ、長期的な未来を考えられる**気がしています。

カツキ いまの若い方って、正解のないことをやらざるを得ない世代だと思うんです。そこでうまくやっていくには、とにかく数を行動してチャレンジするしかない。

そこでもサウナはとっても有効だと思います。**「ととのう」とか「ととのわない」とかじゃなく、サウナに行けば楽しいいし、ごきげんになれるし、元気になれるから。**あんまり考えすぎなくていいんです。

川田 シンプルに「気持ちよくて楽しい」。だからサウナに行くわけですもんね。

この先も、サウナはなくならない

カツキ 実際にサウナを楽しんでいる先人たち

を見ていると、**みんな元気そうだな**ぁって思いますよね。朗らかで健やか。

川田　よく笑ってますよね。焦りとか迷いとかとは対極にいて、ゆるくて身軽。優しくてポジティブ。

カツキ　私はサウナ歴でいうとまだ十数年くらいで、新人に属するんですよ。中にはサウナ室に長いこと居すぎて、壁の木目《もくめ》に同化してるような人がいるけど、まだまだそこまでじゃない。

川田　サウナ大使をもってしても、木目からはまだ遠いんですか？（笑）

カツキ　まだまだツルツルの檜って感じで。まだまだわからないことだらけ。

ただ、**サウナほどなくならないものもない**と思うんですよ。全世界で、何千年も前から行われてますから。

川田　身体を清めるだけならシャワーでいいですけど、それ以上の意味がありますよね。

カツキ　だから**人間の行動の原点って、サウナなんじゃないか**って思うんですよ。世界はこんなに変わっているのに、サウナはいつまでも変わらない。多少無理なことがあってもサウナがあれば頑張れるって、人間の原点のような体験だからかなって思いますよね。

川田　……カツキさん、この話、永遠に話せますね。ちょっとアウフグースが始まるんで行きましょう。そしてまた話しましょう。ありがとうございました！

CHAPTER

2

サウナで人間関係がととのう

EPISODE

1

コクヨサウナ部誕生

人間関係は、ビジネスパーソンにとって永遠のテーマです。

人間関係がうまくいっている組織では、社員同士が信頼関係で結ばれ、活発な意見交換や協力が自然と生まれます。その結果、働きやすい環境がととのい、創造性や生産性が高まるだけでなく、個々のモチベーションや働きがいも向上します。

反対に、距離が近すぎると摩擦が生じたり、遠すぎるとコミュニケーションが困難になったりします。仕事そのものではなく、そうした人間関係がストレスや成果に悪影響を与えることも少なくありません。

しかし、この課題を意外な方法で解決できることをご存じですか？

実は、会社員には、**会社の肩書きだけではない別の顔**、つまり「**B面**」が必要なのだと私は思っています。

そしてその鍵を握るのが、なんと「サウナ」です。

本章では、サウナが人間関係に与える影響とその活用法を紐解きます。

部下とのコミュニケーションの壁

コクヨに入社して9年目、私は29歳でマネージャーになりました。

ありがたいことに、当時の社内では最年少のスピードだったと思います。私はチャンスをいただけたことに、とても感謝していました。

部下を持ったことがある方ならわかるかもしれませんが、人生初めての部下はとにかく可愛かった！　部下がトラブルを起こしてしまったとしても、私自身の経験を活かしてなんとか解決しようと奔走しました。そんな、チームで目標に向かって戦略を立てチャレンジする毎日でした。

こうして大きなやりがいを感じていたのですが、同時に壁にもぶつかっていました。それは、**年齢も性別も異なる部下とのコミュニケーション**です。

私のチームは50歳くらいのベテラン社員から、21歳の若手社員まで、年齢もキャリアもバラバラ。そんな多様なメンバーをまとめあげ、一丸となってプロジェクトを進めていく必要がありました。

マネージャーになるまで私はとにかくストイックに仕事をしてきました。同じやり方をそのまま教えるだけではダメだとわかっていながらも、私はずっと戸惑っていました。

「一体、どうしたらいいんだろう……」

そこでまず私が考えた解決策は飲み会、いわゆる「**飲みニケーション**」でした。同じ部署のベテランや若手だけでなく、営業や設計といった他部署のメンバーもどんどん巻きこみ、宴会を企画する。

歓送迎会やプロジェクト打ち上げ、さらには誕生日会や慰労会まで。宴会を通して、人と人がつながっていく様子に感動し、そしてただの飲み会ではなくちょっとしたサプライズ企画を通して、その効果が最大化される幹事の面白さにやりがいを感じていました。

気がついたら、私のあだ名は「**永久宴会部長**」。**年間なんと100回以上もの飲み会の幹事**をしていたのです。

こうして、みんなが笑顔で楽しむ姿に手応えを感じていたのですが、その中に、お酒を飲まずに隅に座っている子が一人。

同じチームの頭脳明晰でクールな若手社員です。ここでは彼のことを「シャイ君」と呼びますね。

サウナは心の扉を開いてくれる

シャイ君はお酒が苦手でした。飲み会には来てくれましたが、みんなと飲んで騒ぐタイプでもない。また、普段の仕事も着実にやってくれるものの、どこか受け身のようにも見えました。

もしかしたら、チームに馴染めてないのではないか。そもそも、シャイ君は仕事を楽しめているのかな……。

彼との距離を縮めるネタがないか、ずっと探していたある日のこと。

日課のサウナに行こうとしたタイミングで、私は思い立ちました。

「**シャイ君、このあと『スカイスパ』っていうサウナに行くけど、一緒に行く？**」

「えっ……行きたいです」

それぞれがサウナを楽しみ、レストランで一緒にご飯を食べていると、いつもより自然と会話が続いていました。

「ここ、チゲ鍋が人気なんだよね。あとサウナもいいけど、その前にアカスりするとめっちゃ気持ちいいよ」

「肌、痛くないんですか？」

「意外と調整してもらえるから大丈夫だよ」


シャイ君の表情はどことなくほぐれ、笑顔がとても増えていました。

そして私がなにを言うわけでもなく、シャイ君は自分のことを話し始めてくれたのです。

「川田さん。最近、**実は僕、好きな子ができまして……**」

私はシャイ君の話を聞きながら、心底驚いていました。


（あの受け身のシャイ君が……。いま、なにが起きてるんだろう？）

私にとってこれまでサウナとは、リラックスやリフレッシュ、つまり自分自身のためにありました。ですが、シャイ君とのサウナで、私は大きな発見をしてしまったのです。

「一緒にサウナに行くと、相手は自然と心を開いてくれる」と。

翌日、会社でシャイ君に会うと、彼の様子がいつもと違います。

「川田さん、昨日はありがとうございました！　スカイスパのサウナ、気持ちよかったです。僕、また一緒にサウナ行きたいです」

満面の笑みを浮かべるシャイ君から、私は次のことに気がつきました。

一つ目は**一度心を開いてくれると、心理的な距離がグッと近くなること**。

そしてもう一つは、**いままで自分一人のライフワークだったサウナを、仕事の領域とまぜてみてもいいんじゃないか**、ということ。

私は思いました。この経験をもっと持続させていったら、めちゃくちゃ面白いことになるんじゃないか——。

２０１６年。

私とシャイ君ともう一人で、コクヨサウナ部はまずサークルとして静かに産声をあげました。

まとめ

社内のコミュニケーションに、サウナを取り入れてみてはいかが？

EPISODE

2

サウナコミュニティの居心地のよさ

人生が面白そうな人の共通点は〇〇

「この人、めっちゃ面白いなあ」

人生を楽しく、イキイキと過ごす人たちとたくさん出会う中で、その要因はなんなのかを、ずっと考えていた時期がありました。

私が行き着いた答えの一つ、それは**参加するコミュニティの多さ**です。

例えば、会社の仕事でトラブルがあったとしましょう。業務上は上司と解決できたとしても落ち込みますよね。解決する手段も相談先も、会社のつながりしかない場合、そこへの期待値は100％になってしまうからです。するとトラブルを起こしてしまった自分に過度にショックを受けますし、トラブルが解決されない限り、**悩みや不安はどんどん蓄積されていきます**。

一方で、会社以外につながりがあったらどうでしょうか。

気軽に相談できる他社の先輩や、趣味のラーメン好きの会、アイドルの推し活のオフ会など。

全く違うコミュニティの人たちと触れあう中で、「**ちょっと考え方を変えてみてもいいかもしれない**」と、解決の糸口が見えてくるかもしれません。

あるいは「**自分の悩みなんて、意外とちっぽけなものだなぁ**」と、捉え直せるかもしれません。

参加するコミュニティが多ければ多いほど視野が広がり、人生はポジティブに、そして豊かになっていくと私は思うのです。

だから、新しいコミュニティに思いきって参加してみる。あるいは、自分でコミュニティをつくってみる。もちろん、関わり方の深さは調整してみてください。ただそこに自分にとっての居場所があることが大切です。

そこにぜひ、**「サウナ」を取り入れてみてほしい**のです。なぜなら**「サウナコミュニティ」が持つ心地よさは、唯一無二**だと思うから。

温浴施設は自己開示の最高の場

「サウナコミュニティ」は心地よい。

なぜなら、**サウナに入った人同士は、圧倒的に心を開きやすい**からです。


そもそも、サウナは裸で入ります。

スーツや制服によって拘束された社会的な肩書きや役割もなくなり、心も身体も自然体になっていきます。

すると気持ちに「ヨハク」が生まれ、不思議といつもとは違うプライベートな話題が飛び交うことも多々あります。


自己開示をし合った二人はまさに「**裸の付き合い**」。

深い信頼関係が構築されるのです。

さらに、サウナを上がった後もお互いの自己開示は続きます。
なぜなら温浴施設には**「衣・食・住」がすべて揃っている**からです。

本来は家を出る前に身なりをととのえたり、メイクをして外の姿になっていたはずが、サウナ後は同じ館内着を身にまとい、スッピンになる。

一緒にご飯を食べて、「今日は施設で寝ていきます」といった生活感あふれる会話には、**まず会社などでは得られない情報量が詰まっている**のです。


「休憩処から出てきた上司、めっちゃ寝癖ついてる。なんだか親近感」

「脱いだ服を正座でたたむって、そんな几帳面なとこあったの？」

「あの人、髪下ろしたら、意外と優しい雰囲気なんだなぁ」

といった具合に、相手の意外な素顔や人となりが次々と表れる。

すると、**自分と相手との共通点も見つかりやすく、心理的な距離が縮まるきっかけになる**のです。

「サウコレ！」のアンケートによると、サウナを通して「人間関係が広がった」と回答したサウナ好きは約4割（2024年12月実施・589名対象）、さらに「職場の人とサウナに行ったことがある」と回答した人は約6割（2024年12月実施・1098名対象）にも及びました。

まとめ

サウナに一緒に行けば、よりお互いの仲が深まる。

EPISODE

3

サウナで「組織のたて・よこ・ななめ」をととのえる

コクヨにはテニス部やフットサル部、華道や茶道部など、10以上の部活動がありますが、実は最も部員が多いのが「**サウナ部**」です。新入社員から役員まで部員は増えて、**いまや180名を超えました**。

また一般的にサウナ好きは男性が多いと言われていますが、**部員の女性比率が高い**というのも周りから驚かれる特徴です。

「部活」といってもメインの活動は、「**みんなでサウナについて情報交換する**」「**行きたい人でサウナに行く**」。これだけ(笑)。

そんなある日のサウナ部活動の帰り道。部員のある女性がこんなふうに話してくれたのをいまでもよく覚えています。

「カワちゃんさん、私、今日部活に来て本当によかったです」

そうかぁ、よっぽどサウナがよかったんだなぁと思いながら話を聞いてみると、どうやら**サウナ以上に嬉しい発見があった**と言います。

「私の部署は社内の情報システム系で、10人くらいの小さなチームです。社内に知られる機会も少ないし、普段仕事で会話をする相手は、上司くらいで……。

けど今日は皆さんとサウナに入って食事をして、

コクヨってこんなにユニークな人がいて、みんなが本当に面白いことやってるんだって、初めて知れたんです。知り合いが増えるとオフィスにより出社したくなります。

だから私、コクヨのサウナ部に入って、本当によかったです」

サウナ部の活動の中心は「サウナ」。ですが部活に参加することで得られるメリットは、サウナで自分がリフレッシュすることにとどまりません。

サウナの前では、服も肩書きも脱ぐ

コクヨサウナ部の基本理念は、「**組織のたて（上下関係）・よこ（同僚）・ななめ（他部署）をととのえる**」です。役職や部署に関係なく、興味を持った人ならだれでも参加できる、オープンな活動を目指しています。

コクヨは約7000人が在籍する企業のため、たこつぼ化するリスクも併せ持っています。

コロナ禍を経てリモートワークが普及したいま、オフィス環境は「単にリアルで顔を合わせるだけの場」ではなくなりました。特にリモートワークでは、「ちょっとした相談がしにくい」「気軽に話せる人がいない」といった声も多く、仕事を抱え込みがちになる人も増えています。

ほかにも、「自分の担当以外の人の顔も名前もわからない」「今日は社内のだれとも話さずに仕事が終わった」といった状況に共感する方も少なくないでしょう。

一方で、企業としてこれからの成長を目指すためには、既存の領域を超えた新しい活動や、異なる価値観の発見が欠かせません。

こうした課題を解決するために、サウナ部のような「**社内のゆるいコミュニティ**」の役割が今後ますます重要になってくると私は考えています。

それはまさに**担当や役職、業務の垣根を越えて、会社の仲間とつながれるチャンス**になるからです。

コクヨサウナ部では、フィンランドのある格言を大切にしています。

「**サウナでは皆が平等である**」

サウナの中では、社会的な地位や職業などの違いは関係なく、すべての人が対等な存在という、フィンランドの民主的な精神を反映した言葉です。

そして私はこうも考えます。

「**サウナの前では服も肩書きも脱ぐ**」

部署や役職などの肩書きだけでなく、**サウナにたくさん行く人が偉いわけでも、サウナに行けてない人はダメだというわけでも決してない**、という意味も含まれています。

ゆるいつながりが会社を深く知るきっかけに

社内にゆるいつながりができると、次第に**他組織の業務にも興味**が湧いてきます。

例えば、社内掲示板を想像してみてください。掲示板などで、定期的に社内ニュースを発信している企業は多いかと思いますが、通常業務と比較するとどうしても優先度が低く、なかなか社員が見てくれないという課題感もあるのではないでしょうか。

一方で、流れてきたニュースの発信源が同じサウナ部員からだったら……。

「サウナで仲よくなった、ステーショナリーチームの○○さん。スパでご飯を食べながら、いま取り組んでいる仕事のことを話してくれていたな。それがとうとう発売したんだ……！」と、**ニュースの見え方も一変する**と思います。

ほかにも、クライアントさんとの会話の中で、サウナ部員が教えてくれた商品の裏話をアイスブレイクに使ってみたり。

営業先へお土産を渡すとき、「実はこの商品、社内のサウナ部員がつくっておりまして……」とサウナ部トークを交えるのも活路が広がり効果的です。

さらには、部活から派生して、**新たなコミュニティが生まれる**こともあります。例えば、サウナ部の全体活動とは別に若手社員同士がサウナに行ったり、「サウナ女子会」が開催されたり。

そのコミュニティは、**普段一緒に仕事をしているメンバーではないからこそ、関係性もラフなもの**。ちょっとした悩みも相談しやすいようです。

自分のちょっとした悩みを受け止めてくれる人が、社内にいる――。それ

だけで、会社で過ごす時間もより前向きになっていくと思います。

サウナ部の部員は、サウナで心を開いた仲間たちです。仲間の活動が身近に感じられると、自然と応援したくなるものです。サウナを通じて生まれたご縁は強く、社内の興味や関心が広がるきっかけになります。

まとめ

仕事や年齢も関係なく、
ゆるくつながれるサウナってすごい！

EPISODE

4

コミュニティ形成成功の秘訣

コクヨサウナ部のモットーは、「**オープンでフラットなゆるいコミュニティ**」。

まずひとえに「サウナ好き」が集まっているといっても、**サウナ好きのグラデーションも幅広い**です。

例えばサウナが好きすぎて、自分でトラック型サウナをデザインしてつくるほどの部員もいれば、そもそもサウナは一人で行くのが好きだからと、活動に参加しない部員もいます。どちらももちろんＯＫです。

部活の集合場所は、**サウナ室**。

集合時間より早く来ても遅く来てもOKですし、サウナに入らず飲み会からの参加でも全く問題ありません。

ちなみに、**活動は部員のみんなが積極的に企画してくれています**。

なので、私は企画者の伴走やお困りごとをサポートしたり、施設さんへの御礼などに徹しています。

部員が自ら積極的に動いてくれるのには理由があります。

それは成果を求められる仕事と違って、**サウナ部は純粋に楽しむ**ための場だから。

ボトムアップ型で、のびのびとした活動を推奨しているからこそ、「自分も幹事をやってみようかな」と思ってもらえるのかもしれません。

「ゆるいコミュニティデザイン」のススメ

私はサウナ部以外にも様々なコミュニティ運営を経験してきましたが、これからの時代のコミュニティが成功する秘訣は、こうした「**ゆるさ**」にあると感じています。厳格な決まりや段取りが増えると、活動が業務のようになり、自然と足が遠のいてしまうことがあります。

そのため、コクヨサウナ部では、サウナの持つ「癒し」や「安心感」のように、疲れたときに心が休まる、**心理的安全性の高いオアシス**のような場所を目指して運営しています。

自由で気軽に参加できる雰囲気を大切にし、メンバーにとってリラックスできる場であり続けることを意識しているのです。

日常の業務でももちろんですが、サウナ部でも、部員のみんなには、いつも気持ちよく活動してほしいと願っています。

そこで、チャット上でしっかり基本スタンスを明示するなど、私が普段から意識している「**ゆるいコミュニティでも大切にしたいポイント**」をご紹介します。

サウナ部以外でも、これからコミュニティづくりをしたい方、あるいはすでにコミュニティを運営しているけれど、イマイチ盛り上がらずに悩んでいる方に参考にしていただけると幸いです。

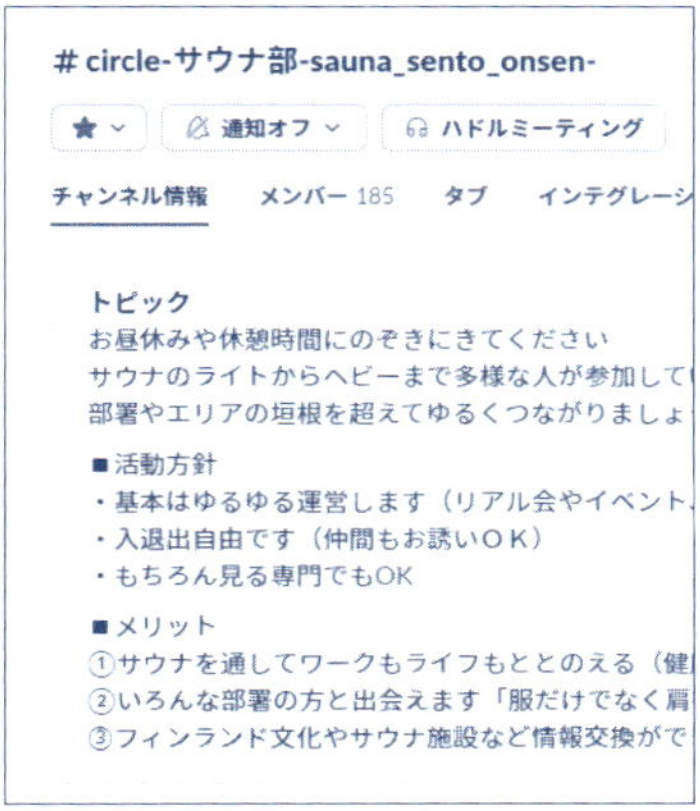

6	サウナ以外の投稿もOK！発信に制約はつけない	この間、とてもいいなぁと思った投稿がありました。それはサウナの情報から派生して「最近、トレーニングにもハマってるんです」という一人のつぶやきです。このような自然発生的な展開は、むしろウェルカム。「サウナ以外の投稿は禁止」といったルールで縛らず、投稿者の意思を尊重する姿勢を持つ。すると部員間のやり取りもどんどん活発になります。
7	部員に寄り添う「伴走型マネジメント」	若手社員が企画をするとき、マネージャー層は老婆心からいろいろと口を出したくなる気持ちもあると思います。ですが部活動ではその気持ちをグッと抑えて、企画者の自主性を重んじる伴走型マネジメントを意識してみてください。「違う違う、そうじゃないんだよ」と企画者を否定するところから始めてしまうと、せっかく企画してくれた相手もあっという間に心を閉ざしてしまいます。なので「着想はいいけど『参加者が笑顔になる』ってことを心がけるといいと思うよ」とか「企画の背景を伝えるためには、どうすればいいと思う?」と、相手にヒントを提案して見守るスタンスがオススメです。
8	発信への見方を変えてあげる	ある部員が、週末に行ったサウナ付きランニングステーション「ととけん」について、その魅力を熱く語ってくれました。「へぇ、すごくいい話だね。サウナ部でも発信しなよ!」と提案したところ、彼は自分の話を発信することに引け目があると言います。なぜなら「自分の話なんて相手の役には立たないだろう」と思っていたから。私は、「それは違うと思うよ」と伝えました。自分が知った魅力的な施設を、情報として届ける。それだけで、だれかのためになります。さらには一個人の発信は、また別のだれかが発信する勇気を与えてくれるからです。チャットの投稿や発信に後ろ向きな部員がいたら……。少しだけ見方を変えてあげ、そっと背中を押してあげてください。

ゆるいコミュニティでも大切にしたいポイント

1	スタンスをしっかり明示	コクヨサウナ部では、全社員が見られるチャット上で、部活の基本スタンスを明示。チャットのトップ画面には「年齢・業務は関係のない、オープンでフラットで、ゆるいコミュニティです。興味のある方は気にせずジョインしてください！」というメッセージを常にピン留めしています。
2	勧誘の代わりに、受け皿をしっかり用意	私は特定の個人に対して、サウナ部の勧誘をしません。大切なのは勧誘よりも、入りたい人が入れる受け皿をしっかりととのえることだと思っています。それでも「社内に知り合いがいなくて困っている」といった個人的な相談をもらったら、仮入部を提案します。まずはサウナ部のチャットルームに入ってもらって、1週間ほど様子を見てもらう。その内容が自分と合えば部活に入ればよいし、合わなければ自由に退出してもらって OK です。
3	部員は大切な仲間。一人ぼっちにしない	コクヨサウナ部のチャットルームでは、だれでも自由に投稿ができます。ここで私が決めているのは、すべての投稿に一つはコメントをする意識を持つことです。サウナ部の部員は、同じ会社で働く大切な仲間。仲間を一人ぼっちにはしたくないので、コメントやスタンプでなにかしらの反応をしています。
4	活動報告では文字数、写真の枚数の縛りなし	活動後は、チャットルームにレポートを投稿しています。ただ、レポート投稿にはルールを設けていません。また私が投稿するときは集合写真や懇親会の料理、そして参加者同士の交流模様など、写真を中心にアップ。ただし、参加者の写真を掲載する際には、本人にも事前に確認をしてから進めるようにしています。部活はあくまで会社のコミュニティ。「節度」と「ゆるさ」をバランスよく保ちましょう。
5	イベント情報や小ネタを発信して、部員にメリットを	チャットルームでは活動報告のほかに、サウナイベントの情報や小ネタ（Tips）も共有します。これはサウナ情報をシェアするだけでなく、新しいアイディアや企画創出のきっかけにしてほしいという意図もあります。発信のポイントは、見ている人のメリットになる情報であること。するとコミュニティに参加する価値も自然と増していくはずです。

社内部活運営で困ったときのQ&A

私のもとにはサウナ部に限らず、社内部活の運営に関するたくさんのお困りごとが寄せられます。特に相談をもらうのは社外の方で、皆さん同じような悩みをお持ちのようです。

そんなよくあるお困りごとに対して、コクヨサウナ部約9年の経験をふまえ、Q&A形式でお答えしていきたいと思います。

Q. **社内に部活制度がないのですが、サウナ部をやりたいです。どうすればよいですか?**

A. **とってもよいと思います! 「部活」と構えず、まずはサークルくらいにゆるく活動を始めてみてください。**

今でこそ、コクヨサウナ部は社内で最も部員が多いですが、始まりは3人でした。それに、発足当初は社内の部活制度も活用しておらず、スモールスタート(POC=Proof of Concept「概念実証」)でしたね。

「最近、チーム内のコミュニケーションが希薄になっているけれど、それを解決する糸口はサウナ部にあるんじゃないか……?」そんな仮説があったので、形式的に始めたわけではなく「**まずはやってみよう!**」とワクワクする気持ちでスタートしたのです。

もちろん、会社の規定内での活動は大前提ですが、「部活」と大げさに捉えずに、まずは「サークル」くらいの感覚で始めてみるのはいかがでしょうか。

一方で「初めから公式に部活動をしたい!」という場合は、会社が抱える課題や、そこに対する効果・実績をまとめてみましょう。その上で該当する部署に相談してみると、話が進みやすいかもしれません。よくあるキーワードは、「組織エンゲージメント」「人材育成」「領域拡張」「サステナブル」などです。

Q. 会社でサウナ部をつくったのですが、社内に広がりません……。
もっと知ってもらうためには、なにからすればよいでしょうか？

A. **自分たちが好きな活動が認められ、社内に広がったら嬉しいですよね。まずは活動を「見える化」する工夫をしながら、いまの部員との活動をもっと楽しみましょう！**

そもそも、部活の存在認知がされていない可能性があるので、まずは**自分がサウナ好きであることを見える化する**のがオススメです。私自身、サウナ部発足当初からPCやスマホにサウナのステッカーを貼ったり、サウナキーホルダーを身につけて、社内で目に触れてもらえる機会をつくっていました。

ほかにもチャットの自己紹介欄に「趣味はサウナです！　最近社内サウナ部をつくりました」と書いてみたり、交流会での趣味の話題からサウナ部の話に広げてみたり。あるいは社内のイベントに乗っかって発表することもできるかもしれません。ちなみに私は会社の忘年会の余興で、サウナ部員と一緒に「サウナコント」をしたことがあり（笑）、一気に認知が広がりました。

こうした地道な活動を重ねていくうちに「**私もサウナ好きなんです！**」と声をかけられる機会も増え、サウナ部の認知も社内に広まっていきました。そしてもう一つ大切なのは、**いまいる部員の満足度を上げること**です。私はサウナ部が3人で始まったときから、みんなに「面白い」と思ってもらえる活動を重視してきました。例えば新幹線で品川から名古屋へ行き、サウナ施設を3軒回る。〆に美味しいラーメンをズズッと食べて、みんなで終電で帰ってくる。そんな自分もワクワクするサウナ旅を考えて実行してみたり。

もし活動内容が思いつかない場合は、部署の垣根を越えた部員とともにアイディアMTGをすると、新たな発見もあってとても有意義です。実際、いまいる部員に「部活って楽しい！」と思ってもらえると、「サウナに入ったことはないけれど、サウナ部の部員に面白いよ！と聞いて入部しました」という部員が現れたりします。

Q. 人見知りな人にもサウナ部は相性がよいのでしょうか?

A. サウナは「偶然の席替え」が発生し、「沈黙が OK な交流の場」です!

サウナ部は、無理に話さなくても自然に人とつながれる環境がととのっています。居酒屋や飲み会では、沈黙が気まずく感じられることもありますが、サウナでは**むしろ静かに過ごすことが普通**です。だからこそ、会話のプレッシャーを感じることなく、ゆるやかに人と関係を築けます。

さらに、サウナは「**偶然の席替え**」が起こる場所です。サウナ室・水風呂・外気浴・休憩スペースなどを移動するうちに、自然と周りの人が入れ替わります。同じ人とずっと向き合わないため、話が途切れたり、距離を取るのが難しかったりすることがありません。結果として、気軽に短いやりとりを交わしながら、少しずつ関係が深まっていきます。

また、サウナ室内は、正面で向き合うのではなく、**同じ方向を向いて座る**ことが多いため、目を合わせる必要がなく、心理的なハードルが下がります。焚き火や囲炉裏を囲むと、会話がしやすくなるのと同じように、ストーブやロウリュを見ながら話すことで、自然と安心感が生まれます。

話すきっかけもサウナ自体が提供してくれます。「今日のロウリュ、熱かったですね」「この水風呂、キンキンですね」といったシンプルな会話で十分。サウナ部では**会話のハードルが低く**、沈黙も問題ないため、人見知りでも気負わずにいられます。

ここまでコクヨサウナ部の活動をたっぷりとお伝えしましたが、いかがだったでしょうか。初めは私も、この活動がこんなにも社内外に広がるとは想像しませんでしたが、サウナ部には部員みんなが満足する魅力があるからだと思います。これからもサウナ部をゆるく、楽しく盛り上げていきます！

まとめ

これからの社内コミュニティ活性化の肝は、「好き」がエネルギー源の部活動！

EPISODE

5

サウナコミュニティはあらゆるシーンで効果絶大

相手と親密な関係性を築ける「サウナコミュニティ」は、会社内の部活動だけでなく、いまや様々なシーンで活用されています。

ここからは私自身の実体験も交えながら、サウナコミュニティ活動のほんの一例をご紹介します。

3度のミーティングより1回のサウナ

「仕事関係の人とは、ビジネスの場以外で極力会いたくない……」

このように仕事とプライベートをしっかり切り分けたい、という方もいると思います。ですが仕事関係の人と一緒にサウナに行くと、実は**一石二鳥のメリットがあるのです**。

先日、知り合った税理士さんからこんな話を教えてもらいました。

最近、税理士や弁護士といった士業界隈では、クライアントや関係者と一緒に、**個室サウナで挨拶ミーティングをするのがとても流行っている**と。

士業の方々は、業務の特性上、ときにクライアントの経営状況に踏みこんで話し合う必要があります。そのため、お互いの考えを理解した上で、信頼関係を築き腹を割って深く対話することが重要になってきます。

そんなときにお互いがスーツを着てかしこまった状態だと、緊張や建前も出てきてしまう。そこで、**裸で向き合うサウナミーティングをすると、話し合いも断然スムーズ**なのだそうです。

もちろんお互いがサウナで心身ともに気持ちよく、リフレッシュすることで今後の仕事の活力も湧いてくる。この共通体験で心の距離も縮まって、一石二鳥のようです。

私自身、ビジネスで知り合った方との親睦を深めるために、「**ビジネスサウナ会**」をよくやります。実施の際には、取り扱い注意の情報もあると思いますので、プライベートサウナを事前予約して利用することがオススメです。

「衣・食・住」が詰まったサウナ体験を通して、自分のことをよく知ってもらえますし、同じようにビジネスシーン以外で相手を理解できたほうが、**結**

果としてビジネスにも活きてくるからです。

サウナはビジネスシーンと相性抜群。

「**3度のミーティングより1回のサウナ**」なのです。

ライブの余韻にひたれる「サウナ推し活」

サウナコミュニティでのサウナ活用は、ビジネスだけにとどまりません。

コミュニティというと敷居が高く聞こえるかもしれませんが、まずは、**友達と一緒に、サウナに行ってみるのが一番楽**です。遊びに行く感覚でいろんなサウナを開拓してみる。それくらいの気楽さでいいのです。

あるいは、**お気に入りのサウナ施設に通っているうちに、常連さん同士の**

コミュニティができあがっていた、というケースもあります。

実際に私が参加させてもらった、あるサウナコミュニティでは、各々が自分のペースで施設に通っているうちに自然と顔なじみになったそう。いままでは1か月に1回くらい、サウナや飲み屋の情報交換をし合うような関係だといいます。世代も性別も多様な方が集まる面白い関係性です。

このコミュニティではニックネームで呼び合い、**お互いの名前も、仕事も知らない人もいるのだとか**。本人たちはそれくらいの距離感が心地いいのだそうです。居酒屋でよく顔を合わす、常連さん同士の関係性に似ているかもしれませんね。

コミュニティの形に正解はありません。ただ一番大切なのは、**そこにいる自分や人々が居心地がいいか**。それだけです。

友達とライブ後にサウナに行ってみるのもオススメです。アイドルやバンド、推しのライブで疲れた身体を、サウナでじっくりと癒す。そしてみんなで一緒に、楽しかったライブを振り返る。

そんな推し活のサウナでオススメなのが、東京ドームに併設された「スパラクーア」館内からアクセスできる予約制プライベートサウナ「**サウナラウンジ レントラ**」です（「スパラクーア」利用料とは別途ルーム利用料が必要。同性のみ利用可。18歳未満利用不可）。プレミアムルームは最大4名まで利用可能。

ライブで熱狂し汗まみれになった身体を、サウナでスッキリさせつつ、自分たちだけの貸切空間で周りを気にせず会話を楽しむ。さらにBluetoothで好き

な音楽、YouTubeで好きな映像を流せるので、「アンコールで歌ったあの曲、本当によかったよね……」と、ライブ後の余韻も長続きすることでしょう。

地元の人とつながれる「サ旅」に行こう！

また、サウナコミュニティの活動としてぜひオススメしたいのが、サウナを目的にした旅・通称「**サウナ旅**」（**以下、サ旅**）です。初めての施設に訪れたときのあのドキドキ感と、都心と比べてゆったりとした時間が流れる地方サウナでは、いつも以上に気持ちに「ヨハク」が生まれます。

私もよく仲間と一緒にサ旅に行って、こんなふうに楽しんでいます。

・地方の銭湯やスーパー銭湯にいるおじいちゃんの地元トークに耳を傾ける（あるいは一緒に話してみる）

・サウナ施設近くにある食事処を楽しむ（特に調べずふらりと入ってみる）
・スケジュールにも「ヨハク」を持つ（サウナは1日2件くらいまで。何施設も回ることを目的にしない）

サ旅の醍醐味は、**地元の人とつながりを持つ**こと。なぜなら**人と人との出会いには計り知れない価値があり、一生の財産になるから。**

全国各地に自分と関わりのあるサウナコミュニティができると、サ旅の楽しさは何倍にも増していくのです。

グループでのサウナ利用効果を最大化するために

このようにぜひ様々なシーンで、グループでサウナに行ってもらいたいのですが、複数人でサウナを利用するときやってはいけないことがあります。

それは、**サウナを楽しむほかの人のごきげんを阻害すること。**

例えばコミュニティのみんなでサウナ室に入り、「黙浴」という注意喚起があるにもかかわらず、ついおしゃべりをしてしまった。これはサウナ室で**一人心地よく過ごしていた人の体験を壊してしまう行為**です。いくら「サウナ室でみんなと話したい！」と強く思っても、周りに迷惑をかけてまですることとではありません。

そのため、コミュニティサウナのメリットを最大化するためには、**TPOに合ったサウナを選ぶことがとても重要**です。

グループで気兼ねなくおしゃべりをしたいなら、会話ＯＫのサウナ施設がオススメです。最近では4人程度で入れる個室サウナや一棟貸切の施設も増えてきています。

ただ、**いいサウナ体験であればあるほど会話が盛り上がり、声もどんどん**

大きくなることも。

もし近くに個室サウナがない、けれどみんなでサウナに行きたい場合は、「**おしゃべりは受付まで**」とルールを決めてしまうのもいいでしょう。

常に「**みんなが気持ちよく過ごせるためにはどうしたらいいのか**」を心がけ、マナーを守って配慮ある行動をする。

そうすれば自分たちだけでなく、施設を利用する全員に、サウナコミュニティが持つ素晴らしさが広がっていくはずです。

まとめ

マナーと節度を守り、グループ活動のいろんなシーンでサウナを活用しよう！

フィンランド政府観光局日本代表

沼田 晃一

フィンランド政府観光局日本支局代表兼フィンランド大使館商務部上席商務官。北海道函館市出身。2002年からカナダ観光局日本支局初代マーケティングマネージャーを務め、その後、オーストラリアのカンタスグループにて日本人初ＬＣＣ事業の立ちあげに携わる。2018年3月より現職。2021年にヨーロッパ観光委員会日本支部の委員長に就任。日本各地で地方創生事業のアドバイザーを務める。
（写真©SAUNA BROS／岡本武志）

幸福度7年連続1位の
フィンランドから学ぶ生き方

サウナの本場・フィンランドは北欧に位置する小さな国。人口約550万人に対してサウナは約330万以上、一家に1台サウナがあるのが当たり前とも言われています。長く厳しい冬という環境を有しながらも、国連が発表する「世界幸福度ランキング」では7年連続（2018～2024年）1位に。

そんなフィンランドと日本の外交関係樹立100周年を記念して、フィンランドのサウナのよさを日本に発信していく**「フィンランドサウナアンバサダー」**を2018年10月に川田が拝命。

2024年にはフィンランド政府観光局日本代表の沼田 晃一氏とともにフィンランドを訪問し、フィンランドのサウナや現地の暮らしに深い感銘を受けます。

今回は、実際に現地を訪れた両者が、フィンランド人の暮らしやサウナから得た、**これからの生き方や幸せのヒント**をご紹介します。

フィンランド人にとって、サウナは生まれ変わる場所

川田 まず、日本のサウナと違うなと思ったのは、**自然の中にサウナがあるスタイルがとても多いこと**。なので、サウナ室から出て湖や海に入っていく様子を眺めてみると、「なんだこの世界!?」と衝撃を受ける方もいると思います。

フィンランドは国土の約7割が森林、約10%が湖沼や河川でもあるので、「**森と湖の国**」とも言われているそうです。自分と自然の距離がすごく近いんですよね。

沼田 凍った湖に穴をあけて飛び込み泳ぐ「**アヴァント**」も、自然とつながる体験だよね。

川田 ほかにも面白いなぁと思ったのは、**サウナ室を出たところに談話スペースやラウンジがある施設が多い**ことです。サウナ後に対話をしたり、一人でリラックスしてコーヒーを飲む時間を大切にしているからこそ、ああいう空間になるんだな、と感じました。

沼田 脱衣所とはちょっと違う、リビングルームや暖炉があったりするよね。

川田 あと「あれはダメ」「これはダメ」といった**張り紙や注意書きも全然ないんです**。

フィンランド人は自分たちが心地よい状態がなにかっていうのを、自然に意識しながら行動されているんだなぁと。施設と利用者のコミュニケーションのあり方として、すごく素敵だなと思いました。

沼田 ほかにも、日本におけるサウナは「リフレッシュ」という要素が強いですが、フィンランドの伝統では、「**リボーン（Reborn）**」「**リバース（Rebirth）**」というスピリチュアルな側面があります。

少し前まで、サウナ室は出産をしたり、亡くなった方を清める場所でもありました。そのため、フィンランドのサウナは日本でいう神社のような神聖なところ。生活の一部でありながら、リスペクトがありますね。

川田 サウナ室で出会うフィンランドの方は優

しくて笑顔があって、話しかけても穏やかに受け入れてくれる。サウナが日常にあるからこそ、肩肘を張ってない感じもします。

沼田　フィンランド人にとってはロウリュは非常に重要。ロウリュを浴びると幸せを感じるし、嫌なことや、悩みをかき消してくれます。

初めてのフィンランドで オススメのサウナ

川田　私はフィンランド人の生活や文化を知るきっかけが、サウナだと思っているので、ぜひ、現地のサウナを体験していただきたいです。

　まずは公衆サウナ施設を巡るコースとして、ヘルシンキに行く人にオススメなのが、都市型サウナ施設の王道「**Löyly（ロウリュ）**」です。

沼田　「Löyly」いいよね。ここはいままでのフィンランドサウナの常識を塗りかえた象徴的な施設。カフェやレストランが併設されているので、サウナ目的じゃない人も職場や自宅とは異なる「**サードプレイス**」として利用されています。カフェやレストランが併設されているので、単に食事や歓談も楽しめます。

「Löyly」ができてから、減退していたフィンランドの公衆サウナの流れが変わったんですよ。ここでは**サウナの新しいコンセプトとデザイン、そして近代スモークサウナ**も体験できます。

川田　男女が水着で一緒に入れるのもいいですよね。

談話できる暖炉スペースがありますが、パチパチっと穏やかに燃える炎を見ながら、ボーッとする時間もすごい豊かでした。そこがちょっとした溜まり場のようにもなっているので、「どこの国から来たの？」「サウナっ

ていいよね」と現地の人とも話が広がりました。

沼田 そして「Löyly」の水風呂（日本流に表現すると）は**バルト海！**

川田 バルト海に入るために手すりを持ちながら階段を一歩ずつ下りていると、みんなに「頑張れー！」って言ってもらって（笑）。

海から地上へ戻ってくると、**生まれ変わったようなあの感覚**は、本当に醍醐味ですね。夏は青い空が広がり、冬は日が昇らない暗い中でバルト海一面に氷が張っている。季節によって表情が一変するので、**ダイレクトに自然を感じられます**。

そしてサウナを出た後は、レストランで**サーモンスープ**を食べるのもオススメ。食器は「iittala（イッタラ）」、クロスは「Marimekko（マリメッコ）」とフィンランド雑貨も楽しめます。サウナや食、そして触れるモノを通して、身体も次第に「**フィンランドに来たんだなぁ**」と切り替わっていきますね。

川田 「Löyly」を体験して少し現地を観光したら、次は「**Kotiharjun Sauna（コティハルユ サウナ）**」に行ってほしいですね。

沼田 伝統的な、**ヘルシンキ最古のサウナ**だね。

川田 バスタオルを巻いた大人8人くらいが、街中で座る光景が見られます（笑）。

沼田 「Kotiharjun Sauna」では、**サウナカルチャーとコミュニティ、両方を感じられる**んだよね。常連さんが話しかけてきてくれたりもするし、フィンランド人のサウナへの愛も感じられます。

川田 ここのサウナ室は2階建て。人でいっぱいでも場所を譲ってくれたりするんですよ。目が合うと常連さんがニコって微笑んでくれて「どこから来たの?」と話しかけてくれて。使い方も教えてくれたり、**すごくフラットな関係性**

でしたね。

湖畔コテージ滞在で フィンランドの大自然を堪能

沼田　フィンランドサウナを楽しむ上で、一番オススメしたいのが、**湖畔のコテージに宿泊して、サウナと自然を思いっきり満喫するコース**です。

　サウナに入った後は移動せずに食べて飲んで、朝にはまたサウナに入るのを繰り返すのが、フィンランド人のライフスタイル。家族や友人と、コテージで1日中リラックスするんです。

川田　確かに、実際にフィンランド人の方に「この前の休みの日はなにしてたの?」って聞いたら、「お母さんと一緒にサマーコテージでサウナに入って、摘んだブルーベリーでパイをつくったんだ」って仰ってましたね。

　あと、**スモークサウナがズラッと並んだサウナビレッジ**での体験は忘れられません。ほぼ地中に埋まったログハウス型のサウナが10個ほど並んでいて、屋根だけが見えている。そんな場所に女の子とお母さんが手をつなぎながら歩いていたり、国籍も全く違う人たちが一緒にサウナに入り、気楽なコミュニケーションを取るゆるやかな時間が流れている。

　そしてサウナ室の横のバーベキューグリルでは、フィンランドのサウナ飯の定番「マッカラ(ソーセージ)」を焼いてくれる人もいて……。自然の中で休んでいる人もいれば、おしゃべりしている人もいる、ゆるい時間。**ここは本当に天国なんじゃないかな**っていうくらい、幸せな光景が広がっていましたね。

沼田　また、フィンランドは**四季折々で楽しみ方が異なるのも魅力の一つ。**まず特徴

的なのが**白夜**です。6月の夏至（6月末頃）以降は、夜11時でも辺りが明るい。なので朝から晩までずっとサウナに入っていられますね。

一方で白夜の季節が明けると、秋は21時以降暗くなり、冬は日照時間が5時間程度と、日中でも暗い季節になっていきます。その時期にフィンランドの北部「ラップランド」という地域に行くと、**サウナに入りながらオーロラと出会えるかもしれません**。「オーロラ×サウナ」は、日本では体験できないですよね。

川田　8月下旬～10月上旬頃にオーロラに遭遇すると、湖面にオーロラが映る「ダブルオーロラ」が見えるそうですね。サウナ後にオーロラに包まれながら湖で泳ぐ体験は、いつかぜひしてみたいです。

私も冬にフィンランドを訪れたときには、この世界観があってこそ、サウナが生まれたんだと実体験として感じられ、とてもいい思い出になりました。

自然を豊かに感じる心を養える場所

川田　何度かフィンランドを訪れたことがある方にぜひ行ってほしいサウナとしては、ボランティアによって運営されている「**Sompasauna（ソンパサウナ）**」。あれは衝撃的な体験でしたね。

沼田　「Sompasauna」あそこは公衆サウナともまた違う、「**コミュニティサウナ**」という新たなカテゴリーだと思います。着替えるところもないよね。

川田　なのでサウナに到着したら、男性も女性も目の前で裸になって着替えてて（笑）。あのオープンさには驚きました。

サウナ室はログ型だったのですが、使った人が自ら掃除もするし、燃料となる薪の薪割りもする。ルールがあるわけではないのですが、**自分たちで気がついたことを一緒に声をかけ合って動く**みたいな感じでした。

一方で、にんじんスティックを食べてる女性が、「食べる?」って話しかけてくれたり、おじいちゃんが「水飲みなよ」とコップを差し出してくれたりと、**すごい自由な感じ**なんですよね。

沼田　まさにサウナカルチャーの多様性を感じられるよね。

川田　私は早朝に行ったのですが、サンタクロースみたいな大男のおじちゃんが、薪を黙々とくべてくれたんですね。薪が静かに燃える音を聞きながらサウナ室から外を眺めると、目の前の海が日の光を浴びて、次第に明るくなっていく……その景色にとても感動しました。

　帰るときに「すごい気持ちよかったです、ありがとう」とおじちゃんにお礼を言ったら、ニコッと笑って「またいつでもおいで」と見送ってくれたんですよ。

　「Sompasauna」では自然の豊かさを感じられるだけでなく、**自然を豊かに感じる心を養える場所でもあるんだろうな**、と思いましたね。

沼田　フィンランド人が愛してやまない湖水地方「**レイクランド**」にも行ってほしいですね。

レイクランドの一つ「タンペレ」は、「**世界のサウナキャピタル（首都）**」という称号を与えられた街。そこには30〜40ものサウナがありますが、必ず行ってほしいのが「**Rajaportin Sauna（ラヤポルティサウナ）**」。1906年に開業した、**フィンランド最古のサウナ**です。

　サウナはめちゃくちゃ熱い。階段を上がると天井との距離が近いので、ベンチに座ってロウリュをして、蒸気が降りかかってくるのを待ちます。「これが昔のサウナなんだなぁ」って感じられますね。何十年も毎日来ているというフィンランド人もいますね。

「Connect with Nature」
――自然に生かされ、自然を守る――

川田　私が共同代表を務める異業種サウナコミュニティで、**「ウェルビーイング」のあり方を学び体験する機会として、フィンランドツアーを企画**しました。

フィンランド大使館商務部さんにご協力いただいたこともあり、現地企業のオフィスに訪れて、働く人が大切にしているポリシーなどを教えてもらいながら、オフィスにあるサウナも体験させていただきました。とても特別な時間でしたね。

沼田　フィンランド人が働く上で大切にしているのは、**自分の好奇心のままにやりがいのある仕事をして、次につながる学びを得る**こと。「これをやりなさい」と言われたことをやるわけではないですね。

そしてこのようにフィンランドでは、「**個人の人生や生活が大切**」という思想があるので、早く家に帰るために、仕事の仕方も効率的で合理的です。休み方もとても特徴的で、**夏には必ず1か月間の休暇を取る**んです。フィンランドの冬は寒くて長いので、夏に思いっきり人生を楽しんで暗い冬を乗りきる。ライフスタイルにも、オンとオフの切り替えを徹底するといったコントラストがあるように思います。

川田　もう一つ、現地の人との会話から学んだのは、**何事も出発点が「サステナブル」**だということ。国土や人口に限りがある中で、自分たちが自然に生かされ、恩恵を受けている感覚が養われていると感じました。なので、タオルやコスメ一つとっても、環境破壊の要素がある物はNG。

代わりに「自然の中にいるような感覚を持ってもらえる森のオイルを作りました」とか「自然を破壊しないために、手間がかかっても一つ一つ手でつくってます」といった発想になる。サステナブルな考えが日常に馴染んでいると感じましたね。

沼田　フィンランド人の皆さんがよく言うのは「**Connect with Nature**」。自然とつながるとか、自然とともに暮らすという考えが、非常に大事なのかもしれませんね。ほかにも「**自然享受権**」という権利があって、だれでも森でベリーを摘んだり、きのこ狩りができます。自然からいろんなものを享受し、みんなで共有してるという感覚を持っているのが、どこかにあるんだと思います。

サウナ好きは「ポジティブクレイジー」!?

川田　ほかにも幸せを考える上で、とても印象的な体験がありました。ツアーの中で、フィンランドの国立公園の森を散策する時間があったんです。雪の積もった平坦な道を歩くだけなんですけど、同行してくれたフィンランド人の発言がとても印象的で。

「小鳥の声がすごい綺麗だね」とか「今日はキツネの足跡があるよ」とか「あそこにベリーができてるね」とか。**着眼点の解像度がとても高い**と思ったんです。

　そこで気づいたのが、**フィンランド人はいまあるものを、自分の気持ちよさや幸せに変換する力を持っているな**、ということ。普通に生活をしていると「今日はなにもなかった」と思う日もありますが、実はそんなことないんじゃないかなと。晴れでも雨でも曇りの日でも、自分にとって「よかったな」と思えることを、視点を変えれば見つけられるんじゃないか、というのはすごい気づきでした。その心さえあれば、どこに行っても楽しめるだろうなと思ったんです。

　同じように、生活の豊かさや幸せは日常の中にある

んだと気づいたツアー参加者の一人は、「Sompasauna」で感動のあまり号泣してましたね（笑）。たった5日間の滞在でも、**人生観が変わるくらいのカルチャーショック**を受けてました。そして帰国すると、30年のキャリアを離れ、新たな道を歩み始めました。

沼田　日本では「失敗したくない」とか、「周りにどう見られるか」を気にすることもあると思います。ですが、フィンランド人は仕事もプライベートも、**自分らしく行動している。**そうすることで自然と周りの人にも寛容になれるんです。そうしたフィンランド人の姿を見ているうちに、「**私も、もっと自分らしくしていいんだ**」と気持ちがほぐれていきました。

川田　一人ひとりが自由で自律的だから、過剰なサービスがあるわけでもなく、かといって拒絶されるわけでもない。そんなフィンランドで過ごした時間と日々はとても心地よかったです。

沼田　フィンランド人の同僚と話をしていると、「**ポジティブクレイジー**」という言葉がよく出てくるんです。「まずはやってみよう！　せっかくやるなら年齢も役職も関係なく、ワクワクすることを」という精神があると思うんですよね。面白いことじゃないと続かないという意味ではポジティブだし、新しい発想という点ではクレイジーさもある。

そしてサウナの魅力にハマった日本人は、フィンランド人のそういったカルチャーを踏襲して、どんどんワクワクすることをして、同じ思想を持った人同士でつながっていますよね。

川田　お話をお聞きしていると、私も「ポジティブクレイジー」の一人だと思いました（笑）。**これからは自分の生き方やライフスタイルを、自らデザインしていく時代になる**と思います。心がワクワクすることを起点に動いていくと、仕事も日常もまざりあって、ますます面白くなりそうです。今日はありがとうございました。

CHAPTER 3

サウナがビジネスソリューションになる

EPISODE 1

サウナが経営課題を解決⁉

35歳のとき、私はコクヨの取締役室へ異動になりました。社長秘書として経営陣の近くにいた私は、企業に求められるものがここ数年で大きく変化していることを実感しました。

企業がイノベーションを起こすためには、既存の枠を超える発想と熱量、そして人と人とのつながりが必要不可欠です。しかし、それらを具体的にどう実現するかは、多くの企業にとって難しい課題です。また現在は、株価や売上だけでなく、社員の働きがいや健康への配慮も重要視される時代。

こうした新しいニーズや新規事業開発に対し、私は「サウナ」が効果的な解決策だと考えています。実際、**サウナを経営戦略に取り入れ、健康促進やコミュニケーションの活性化を図る企業が増加**しています。

本章では、サウナを活用した実際の新規ビジネスの事例や企業の取り組みをご紹介して、あなたのビジネスにも応用できるヒントをお届けします。

健康経営のド真ん中に「サウナ」が来る！

「健康経営」とは、社員が健康であることが会社の成長につながるという、経営戦略の一つ。経済産業省が認定制度を設けるなど、国としても力を入れている重要テーマです。働き方の未来も大事ですが、**それ以前に日本人は上手に休むことが苦手な人が多い印象**です。

そんな健康経営において、私はこれから**サウナがド真ん中になる時代が来る**と予想しています。ここから社員の健康のためにサウナを活用している企業を、いくつかご紹介しましょう。

1つ目は「株式会社タマディック」です。「タマディック」は、自動車や航空といった領域のトップメーカーであるとともに、設計開発などを行うエンジニアリング企業です。

専門的な業務を担うエンジニアたちの健康を全力で守るために、2021年11月に竣工した東海エリアの拠点「タマディック名古屋ビル」に**オフィスサウナ**を導入し、話題を呼びました。

サウナとともに、健康的な生活習慣の維持に成功した社員に祝金を支給する制度も導入したところ、社員の健康に対する意識が高まり、**二次健診対象者や肥満社員が減少し、運動習慣を持つ社員が増えている**そうです。

ただオフィスにサウナをつくったらいいわけではなく、経営層が自らフィンランドや海外でサウナの本質を学び、構築しています。サウナの空間へのこだわりとして、「オフィスの一番いい場所につくる」「語らいができる場所にする」「自然をそばに感じられる」という点があります。そして、使い方としても**「心穏やかである」「衛生的である」「立場がフラットである」**ことを大事にしています。

そうしたサウナを通じたウェルビーイングの追求や働きがい向上を目指す姿勢が評価され、オフィスサウナとしては日本で初めてフィンランド大使から認定を受けています。

2つ目は印刷関連事業「小林クリエイト株式会社」。**新工場の最上階にラウンジ付きのサウナ**を2025年に稼働しました。

導入の背景は社員の健康のため。日々、印刷という繊細な作業でどうしても目などを酷使するため、溜まった疲れをサウナでリフレッシュしてほしいという狙いがあるそうです。小林社長は、「自分たちの世代が役目を終えた後も、**後世には社員が健康に働ける環境を残したい**。そこに対して投資をすると決めた」と仰っています。

現地を視察させていただき、気持ちのいい空間と経営陣の覚悟に、素晴ら

しい会社だなぁと感動したことを覚えています。
また、サウナだけでなく「懇親会ができるキッチン付きラウンジ」と「見晴らしのいいスペース」を併設することで、社員のリラックスを促しながらランチ利用や歓送迎会など、交流や節目を生み出すこともポイントだと感じました。

サウナで会社への愛着と採用率アップ

オフィスにサウナを設置する効果は、心身のリフレッシュにとどまりません。サウナが、**社員同士のコミュニケーションの場となり、会社への愛着や思い入れ＝エンゲージメントの向上にも期待ができる**といいます。

先程ご紹介した「タマディック」では、社内懇親会や部活動の打ち上げ、サウナ女子会などの交流の場として使われているほか、社員の友人や家族を連れてくる体験会なども開催されているそうです。すると家族や友人から「**とってもいい会社だね**」と言ってもらえ、社員自身の会社への帰属意識も高まっているようです。ブランディングの効果的な発信にもつながりますね。

さらに「会社にサウナがある」という話題性は、**採用にも効いてきます**。「タマディック」はB to B事業ということもあり、企業認知がなかなか広がらないという課題感を持っていました。

会社にサウナがあることが、繊細な業務を行うエンジニアから「社員の健康を考えてくれる会社」と支持を受けて、**採用の広報ツール**として大活躍したのです。もちろんサウナがすべてを解決するわけではありませんが、メッセージとしてのインパクトを生み出しているのではと感じました。

同じようにコクヨでも、**サウナ部の取り組みを通して会社の社風が市場に**

伝わっていると実感しています。

実際に2024年度の新入社員の一人、熱波さん（ニックネーム）は、なんと**コクヨのサウナ部に興味を持ちコクヨを志望した**といいます。

もともと温浴施設でアルバイトをしていた熱波さんは、学生時代にコクヨサウナ部と私のことを知り、コクヨにエントリー。採用面接では、自己PRの際に**熱波師として磨きあげた技を披露**し、面接官である役員に情熱的な風を送ったと社内で話題になりました。

ほかにも、内定を3社持っていた中で、最終的にコクヨに入社を決めてくれた社員の理由にも驚きました。

「コクヨは社内サウナ部をいち早く設立した先駆

コクヨの品川オフィス

的な企業。学生時代にメディアで見てユニークな社風だなと興味を持っていた。きっと会社の中でもいろんなチャレンジができるのではないか」と。

100年企業でもあるコクヨは、一見お堅い会社だと思われます。ですがサウナ部の活動から、**ゼロからイチをつくる社員の挑戦を奨励する社風と風通しのよさが伝わった**ようです。多くの新入社員から「**コクヨって、なんだか面白そう**」とワクワクした期待感を感じています。

業界イメージもサウナで変革

コクヨのオフィス空間関連事業も関わる建設業界は、「キツイ・汚い・危険」という3Kイメージが根強く、職場環境の厳しさから就業人口の減少という深刻な問題に直面しています。

私は建設業界で働く身として、チームとともに**企業や人々の働き方を変え、未来の暮らしや街並みをつくる仕事に誇りを感じています。**コクヨのデザイン力と技術力の融合は、多くの受賞実績を生み出し、また日本の建設業の高い技術力は世界的に評価されています。しかし、その魅力が十分に伝わっていない現状にもどかしさも感じています。

私が目指すのは「**建設業界の魅力を企業の垣根を越えて高めていくこと**」です。最近では、ゼネコンや工務店でも「サウナ部」が広がり、リフレッシュやコミュニケーションの場として注目されています。

サウナ部のような取り組みを仕組み化することで、重層構造で内向きな業界を変え、技術力の伝播に加えてチームの結束力や生産性の向上、離職率の低下、業界イメージの向上が期待できます。

サウナを起点とした新たな取り組みが、建設業界に新風を吹き込み、「3K」のイメージを覆すきっかけになると信じています。

まとめ

サウナは経営課題を解決し、会社の魅力をアップさせる。

EPISODE

2

200社が加盟する異業種サウナ連合の実態

サウナで企業が「つながる・まざる・ととのう」

私はコクヨ社員とは違う役割も持っています。

それは「JAPAN SAUNA-BU ALLIANCE」（以下、JSA）という団体の共同代表です。

JSA 加盟企業数

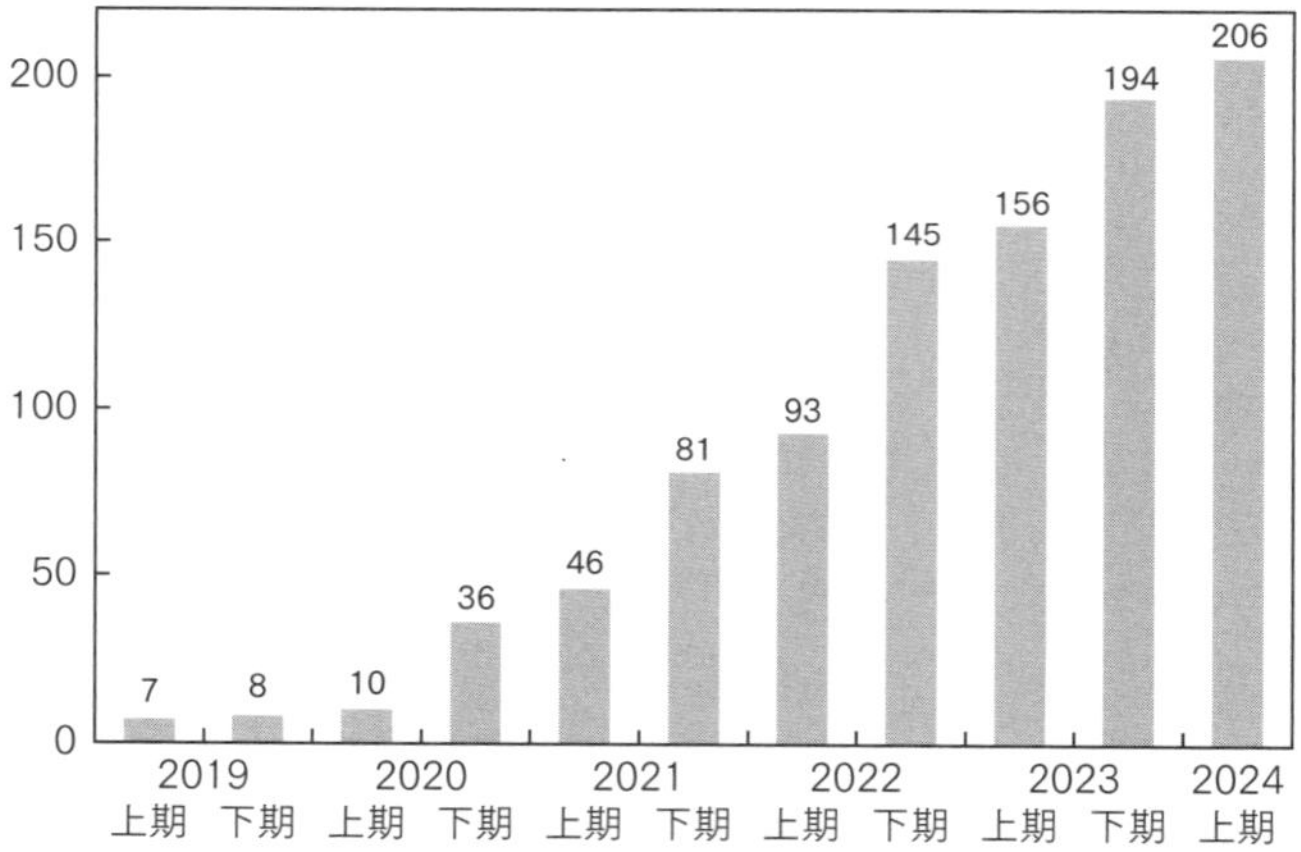

JSA 加盟企業の業界内訳

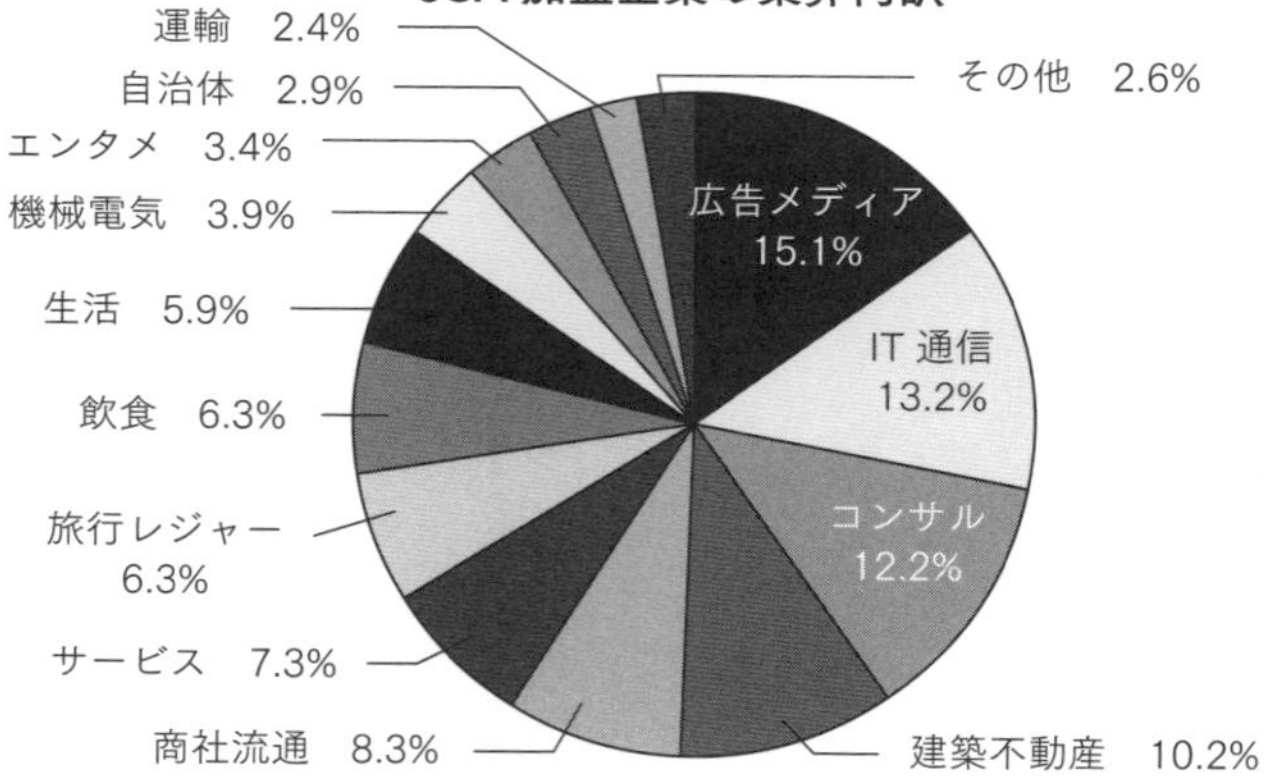

JSAは2019年に設立。サウナを起点に異業種企業がつながり、「**サウナを通じた日本ビジネスシーンの活性化**」というミッションのもと活動する団体です。

いまや加盟企業は、約220社、メンバーは約4000人にも及び、日本だけでなくフィンランドをはじめ世界各国からも相談があるほど。

ちなみに参画にあたっては、企業の業種・業態は問いません。どんな会社でも加盟できます。

JSAでは一度も勧誘をしたことがなく、加盟企業を増やすという目的があったわけでもないので、これほどまでに団体が大きくなるとは、正直想像もしていませんでした。

すべての始まりは、「日本航空株式会社」（以下、J

AL）の社内ベンチャーで活動する岡本昂之さんからの声かけでした。

「――サウナを通じて企業同士がつながり始めたら面白くないですか？」

2019年、JALオフィスの会議室。

集まった7名は少し緊張した面持ちでした。なぜなら普段の業務では、まず集まらない組み合わせの企業の面々だったからです。

コクヨとJALのほか、バイクメーカーの「ヤマハ発動機」、広告代理店の「ADK」、コンサルティングの「EY Japan」、オーダーメイドウェディングプロデュース事業などの「CRAZY」、そしてライフスタイルメディアの「TABI LABO」（現・NEW STANDARD）。

岡本さんから相談を受けた私のほかに、それぞれがつながりのある企業サウナ部の代表が集結しましたが、全員の共通点は「**サウナ部がある**」。それだけでした。

なにをどのように進めるかも特に決まっていないまま、とりあえず自己紹介。そのとき、だれかがふいに、こう問いかけたのです。

「ちなみに、皆さんはどこのサウナに行ってますか?」

この一言が、とんでもないパワーワードでした。

そこから急に、全員のサウナトークが止まらない止まらない。一人ひとりが余すことなく、ホームサウナへの愛を語りまくると、そのサウナに行ったことがなかったとしても、全員同じくらい盛り上がりました。

堅い雰囲気だった会議室は一気にほぐれ、全員の表情も柔らかに。それはまるで、**一緒にサウナに入った後のような空気感**でした。

勢いそのままに、サウナに関する企画のブレストをしてみると、ホワイトボードはみるみるうちに付箋まみれに。アイディアが、とめどなくあふれてきました。JALはこのときのブレストがベースとなって、後に「**サ旅**の事業化」を実現します。

「なんでこんなワクワクしてるんだろうね」
「ほんとに今日、我々初めて会ったのかな？」

サウナの話をすれば、初めましての企業同士でもこんなにも盛り上がる。

驚き、そして感情がたかぶった私たちは「**企業のサウナ部をつなぐサウナコミュニティをやってみよう**」とその場で即決しました。

もしかしたら、この7社以上、増えないかもしれない。

それでも、**なにより自分たちが楽しかったから**、やってみたのです。

企業間ネットワークを生むサウナの力

まず、私たちは「企業同士は本当にサウナでつながるのか?」という仮説を検証したくなりました。

そこで、7社が集まった約2か月後に「スカイスパ」に協力してもらいイベントを開催することにしたのです。

テーマは「**サウナ部は日本のビジネスシーンをととのえるのか!?**」。

7社を中心に集客した結果、**参加者はなんと100人超となりました。**

このイベントでは試験的に3つのルールを設けました。

①交流は館内着を着て
②仕事の話はあんまりせずに
③名刺交換は最後にしよう

すると参加者は仕事の話を後回しにし、代わりにキラーワード「どこのサウナに行ってますか？」を挨拶のように使用。やはりこの質問を皮切りに会話が止まらず、会場は大きな熱気に包まれました。

ビジネスの話から始めてしまうと、「この企業の事業領域は、自分の会社とはつながらないよなぁ」と、早々にコミュニケーションのシャッターを下ろしてしまう。ですが会話の入り口をサウナにすると、**業種業態問わず、だれ**

とても人間関係を構築できるのです。

私たちはこのイベントで、サウナの持つ力を確信しました。イベント終了時、私たちは**ＪＳＡの発足を高らかに宣言**したのです。

JAPAN SAUNA-BU ALLIANCEの活動内容

ＪＳＡの活動は多岐にわたりますが、一番の目的は**企業間ネットワーク**の構築。これだけ聞くと難しい感じがしますが、主な活動は、サウナを軸にした交流イベントが中心です。参加必須なものはありません。

ちなみにイベントはＪＳＡ加盟企業であれば、だれが企画してもよく、**参加者みんながワクワクする**ものなら開催してＯＫ。そんな形で活動を始めて早5年ですが、いままでたくさんの企画が実施されてきました。

例えば、総勢約１００名が参加したアウトドアサウナイベント「**川とサウナ**」や、「テルマー湯新宿店」の屋上で開催された「**お月見サウナ**」。そして変わり種では、ＪＳＡメンバーがゆるゆるとトークを繰り広げるポッドキャスト「**ＪＳＡラジオ**」などなど。

こうしたイベント開催時には、企業連合である**ＪＳＡの強みが発揮**されます。

ＪＳＡの加盟企業は、業種・業態がバランスよくまざりあっているため、イベントでは各社の商品やサービスが大集結。

さながら文化祭のような雰囲気で「うちからドリンク持参するよ！」「試作品の食べ物を持っていくね」「ウチの水遊び道具使って意見聞かせてよ」とワイワイと事が進みます。

イベントは**サウナ好きの方の生の声が聞ける絶好の機会**なので、協賛企業も前向きに協力してくれるのです。

こうした交流を通じて、ＪＳＡの加盟企業同士で新たなビジネスが生まれる場合もあります。事業のネタ探しを社内だけで見つけるのは、とても難しい。そんなときに社外に広く目を向けて、業種・業界を問わず、たくさんの人と話してみると、今後の仕事のヒントになるかもしれません。

ＪＳＡでは、そんな**不確実性の高い出会いが生まれやすい**のです。

また、ＪＳＡに加盟してよかった理由としてよく聞くのが、「**社会人になって久しぶりに友達ができた**」という声です。

ＪＳＡでは「**ここで絶対にビジネスにつなげないといけない**」というバイアスがありません。そのため通常の商談と違って、相手との利害関係や上下関係が発生しないのです。忖度せずに目の前のサウナ、そして会話だけをこんなにものびのびと楽しめるＪＳＡを「**心のオアシス**」と呼ぶ人もいるほど。

ＪＳＡは、こんなゆるいつながりや交流が中心ですが、実はこうした場が、**会社員としての視座を上げ、会社へのエンゲージメントを高める**効果も期待できると感じています。

例えば、「**○○さんの勤め先って、設立してどれくらいなんですか？**」と質問されたら、「**自分の会社に興味を持ってくれた相手に応えたい！**」という気持ちが芽生えます。

結果として、自社について調べたり自分の言葉で客観的に説明したりする機会が生まれ、自社への理解や関心が深まるのです。

さらに、他社の方との会話を通じて、**自社のよさに気づく**きっかけにもなります。普段は当たり前だと思っていることでも、「**へぇ、○○さんの会社の**

取り組み、とっても素敵ですね！」と言われると、新たな価値を見出せるものです。利害関係がない相手からの、忖度ゼロで純度100％の褒め言葉は、心にガツンと響くのです。

JSAで日本のビジネスシーンを活性化！

JSAで生まれたネットワークをきっかけに、ちょっと変わった対外イベントの開催やサービス展開をさせていただく機会も増えてきました。

実際、JSAに所属するメンバーは、人的ネットワークや経験値、知見が深い人ばかり。そのため、ビジネスの教科書には載っていないようなリアルな経験をふまえた企画が多く生まれているのです。

事例①　温浴施設の来訪促進！「JSA PARTNERSHIP制度」

一にも二にも、私たちがＪＳＡメンバーと出会えたのは、**様々な温浴施設のおかげ**。その感謝を施設にも還元したいと始めたのが、温浴施設との提携制度「**JSA PARTNERSHIP制度**」です。

この制度に加盟いただいた温浴施設に、ＪＳＡ参画企業のメンバーが受付で名刺を渡すと、「ドリンク一杯無料」「レンタルタオルサービス」といった嬉しい特典を受けられるというもの。

メンバーの温浴施設の認知拡大・利用促進につながるだけでなく、**施設と企業とが直接つながりを持てる機会**にもなっています。

温浴施設の方が利用者から受付で名刺を差し出されるなんて、なかなかほかにはありません。そのため施設スタッフの方も「こんなお客様が来ているんだ」とモチベーションアップにつながっているとお聞きしています。

事例② 「ニコニコ超会議2023」OB訪問

サウナなら、初対面同士でもすぐに打ち解け、それぞれの素の部分を出しあえるのではないか——。そんな私たちの実体験を応用させた企画が、ドワンゴが主催した「ニコニコ超会議2023・超サウナブース」での「**サウナOB訪問**」です。

そもそも就職活動でのOB・OG訪問は、緊張の連続。慣れないスーツにピシッと身を固め、初めましての諸先輩方にスマートに質問をぶつけないといけません。その中で、なかなか自分らしさを出せず、凹んでしまう学生さんもいるのではないでしょうか……。

「サウナＯＢ訪問」では、そんな課題をユニークに解決しようとしました。

コクヨやＪＡＬ、そしてドワンゴの人事担当や役員の方と一緒にサウナに入りながら親睦を深めてもらうこの企画。**そもそも熱々のサウナに入っているので、長い時間は話せません（笑）**。ですが、それが逆手となって**お互いが正直な気持ちをぶつけ合える**のです。

実際にイベント後、企業訪問につながった方も。１日限定で行った本イベントは、約20枠すべてが埋まるほどの大盛況。

ドワンゴプロデューサー・橋口さんからは、「ニコニコ超会議とは『好きなことを、好きなだけ本気で取り組む情熱』を大切にしています。今回の超サウナブースでは、多様な取り組みから、思いも寄らない、通常では辿り着けない企画の着地を目の当たりにしたりと、**サウナのプラットフォームとしても魅力や可能性を感じました**」とコメントをいただきました。

サウナの中なら、お互い心も丸裸。裏表のないコミュニケーションが求められるシーンに、サウナはぴったりなのだと改めて実感できた機会でした。

事例③ 鹿児島県庁主催「FOODTECH KAGOSHIMA」

最近のＪＳＡの活動領域は、**サウナ以外にも広がってきています。**

共同代表のＪＡＬ岡本さんと私が登壇依頼をいただいたのは、**なんと鹿児島県庁から。**鹿児島県の食品関連産業のネットワークイベント「FOODTECH KAGOSHIMA」内で、「ぜひ**企業間ネットワーキング**について話してほしい」という依頼でした。

このイベントは「フードテック」をテーマに、食品加工や次世代食材、食品流通等に関するセミナー開催のほか、食品関連の中小企業の方が集まり、ネットワーキングやショートピッチ、意見交換を実施するというもの。

「この中で、サウナが好きな方〜？」

そんな質問から始まった講演。参加者の皆さんは「企業間ネットワークの講演なのにサウナ？」と、どこか半信半疑。

ＪＳＡのようなゆるい企業間ネットワーク運営の、ノウハウやコラボレーションの実例をお話しさせていただきました。

実際の活動実績をご紹介するうちに、「**他企業同士でも、サウナでここまでつながるんだ**」という実感を持っていただけたと思います。

自社の課題を自社だけで解決しようとしても、リソースは限られていますし、知見はなかなか広がりません。一方で、企業が抱える悩みというのは、案外同じような内容だったりもします。

例えば、地元産の商品の販路開拓や、PR力を上げ多くの方に知ってもらいたい、人材の採用や育成、そもそもこの業界の魅力を上げるには？など。創業者の後継者や次世代の方々が、産業や地域の未来を背負って奔走されている。その姿に私自身もとても感銘を受けました。

ただ、本筋の課題だけでつながると、**ちょっと空気感が強かったり、最初の一歩がなかなかまざりづらかったりもする。**だったらJSAにおけるサウナのように、**なにか別の共通テーマをフックに、他社とつながり、情報を共有し合う**ことで、お互いもっとうまくいくのではないでしょうか。

そもそも鹿児島県では、全国からユニークな人が集い、答えのない未来をともに考える「薩摩会議」といった熱量の高い取り組みが実施されています。
私も僭越ながらサウナプロデューサーとして、会議に登壇させていただいたことがありますが、中でも日置市との温泉街を舞台にしたサウナの取り組みなどは、大変盛り上がったトークテーマでもありました（「ゆかいだ温泉 つれづれの湯」の天然温泉を利用した蒸気蒸し風呂は唯一無二の体験でオススメです）。

「FOODTECH KAGOSHIMA」イベント終了後。交流会にて企業の垣根を越えてふんわりとつながる場として「**かごゆいサウナ部**」が発足。なんと、**イベント参加者全員が部員になることを希望**し、サウナを通して他社とゆるくつながることに大きな期待が寄せられました。

さらにその後の懇親会も、温泉やサウナトークで大盛り上がり。老舗できめ細かな配慮と居心地のよさにあふれた「ニューニシノ」や美容室が展開している清潔感あふれる個室サウナの「moimoi」、煙突のない銭湯に驚いた話

（なぜなら温泉が湧いているから！）などなど。

そして、地元企業の方々との交流を通じ、ガイドブックに載らないこれからの観光の形や、航空と鉄道が連携した交通網の活用、さらに地元産の木材や溶岩石をモチーフにしたマッサージオイルの開発など、刺激的でユニークなアイディアから多くを学ばせていただきました。

引き続き、ＪＳＡはゆるく、地域とつながり活動中です！　全国の自治体様、ご相談お待ちしています。

まとめ

意外と本業から離れた別の共通テーマが、企業間がつながるきっかけになる！

EPISODE

3

サウナで新規事業を創出

いままでにない新規事業を創って、新たな可能性につなげたい――。そんな使命を担い、日夜アイディアを探し続けている方も多いかと思います。

実はこういった文脈でも、サウナが新規事業創出の一翼を担うという現象が起きています。「サウナ」と「新規事業」をかけ合わせたら、一体どんな景色を見ることができるのでしょうか？

部活動から社内で「新ブランド」が生まれる

まず、私が働くコクヨから。コクヨは2021年に「長期ビジョンCCC2030」を策定し、現在リブランディングに向けた活動を推進しています。

そんな事業拡張の中で新ブランドとして誕生したのが、サウナにまつわるプロダクトを発信していくプロジェクト「SAUNA BU」(サウナブ)です。

「SAUNA BU」では、建築・広報・コピー・ものづくりなど様々な領域を本業とするコクヨサウナ部員が、何度もディスカッションを重ね、サウナにまつわる「あったらいいな」を詰め込んだ商品を企画・販売しています。

例えば、オリジナルのサウナポーチ。サウナハットやスマートフォンまで、たくさん物が入るのに、通勤バッグにも入るコンパクトなサイズ感。さらに撥水仕様なので使用後のタオルも入れられます。

ほかには、サウナ後に出たアイディアや情熱を書き留めるための水にも汗にも涙にも強いノートや、サウナの中でも使えるシャーペン、今治の企業とコラボしたサウナハットなど。どの商品も、**社内に多くのサウナ好きたちがいたからこそ、完成できました。**

またユニークな取り組みとして、「**お忘れ物防止ポスター**」の制作・配布があります。コクヨサウナ部が温浴施設の皆さんにお話を伺った際、**利用者の忘れ物**が大きな課題であることがわかりました（最も多いのはサウナハットです）。

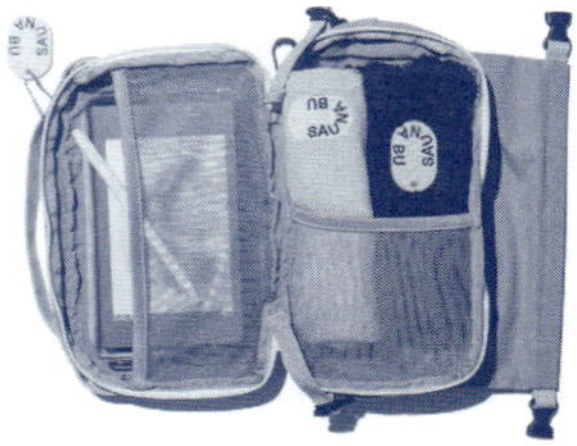

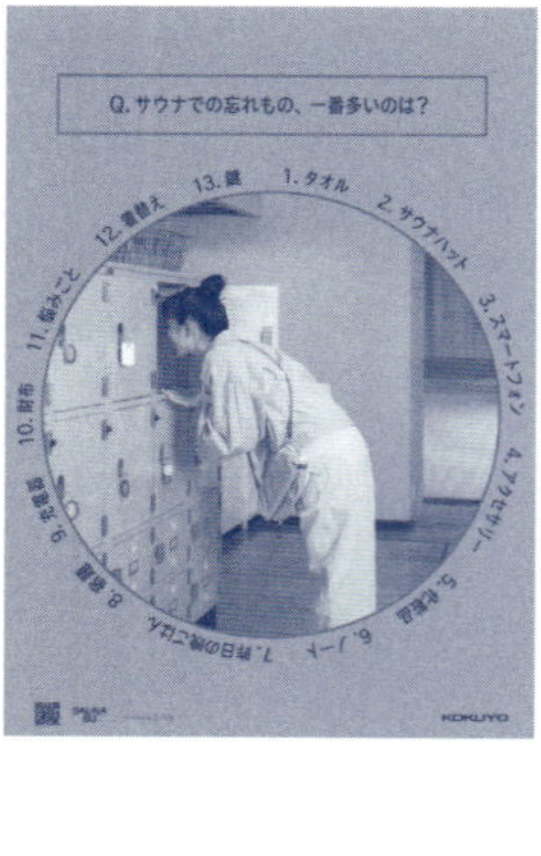

そこで、よくあるお忘れ物をずらっと記載し、見た方が自然と気づきを得られるデザインに仕上げました。現在、このポスターは100施設以上に配布しており、施設の皆さんから喜びの声をいただいています。

JAL、サウナを観光産業におけるキードライバーに

サウナを目的に旅をする「サ旅」を、**日本の観光産業における新たな顔にしよう**と挑戦しているのが「JAL」です。2019年より、サウナツーリズムを核とした商品・サービスを展開しています。

例えば、「**JALサ旅ダイナミックパッケージ**」では、往復航空券やサウナ付きホテル、日帰りサウナ入浴券などを自由に組み合わせられる、オリジナ

ルサ旅ツアー、トラベラーズグッズとサウナグッズを融合させたサ旅専用グッズなどを販売。

ほかにも広告代理店のアドウェイズと共同運営しているのが、サ旅に特化したウェブメディア「日本全国ご当地サウナ委員会」。日本各地のユニークなサウナ体験などを、周辺の観光情報と合わせて紹介。実際の記事を読むと、サ旅に行きたくてうずうずしてきます。

花王、サウナで「SUCCESS」をリブランディング

花王の「SUCCESS」（以下、サクセス）は、薬用シャンプーや薬用育毛トニックなどをラインナップに持つ、30年以上もの歴史があるブランド。

ただ、長く愛されているがゆえに、利用者も高齢化し「サクセスは薄毛を気にする中年男性が使うもの」というイメージが定着してしまったそうなの

です。そこで、リブランディングのために、サウナを活用したのです。

20代や30代の利用者が多いサウナ施設「**サウナ東京**」（赤坂）では、サクセスの商品を2週間展開。

埼玉県草加市のサウナ施設「湯乃泉　草加健康センター」と「サウナヘヴン草加」のコラボキャンペーン「**ソウカ！　イコウカ！**」では、シャンプーやコンディショナーの商品体験の提供。加えて、サクセスの爽快さをイメージしたオリジナルアロマを水にまぜてサウナストーンで蒸気を発生させる「**サクセスロウリュ**」を実施。

さらに神奈川県茅ヶ崎市のサウナ施設「8 HOTEL CHIGASAKI」とのコラボイベント「24HOTEL SUCCESS PARTY」では、サウナ好きな女性にもサクセスを体験し

てもらい、**「サクセスは男性が使うもの」というイメージの払拭**を狙ったそうです。さらに、BBQやヨガに加え、個室サウナ付きヘッドスパ専門店「RESET LABORATORY」が出張してヘッドスパを実施。

このように、サウナは体験価値・ウェルビーイング・コミュニティ・非日常性の要素を持ち、企業のアセットとかけ合わせることで、新しい市場・サービス・ブランド価値を創出する可能性が高いと考えます。

まとめ

「企業の強み×サウナ」という発想が、新たな事業やライフスタイルを生み出す起点となる。

EPISODE

4

サウナで地方創生!?

サウナで全国から人が来る!?

日本では人口減少が進み、地方では持続的に人の流れを生み出し、外部から人を呼び込む取り組みが活発化しています。そんな中、**サウナを通じて地域を盛り上げよう**とする動きが全国各地で広がっています。

例えば、大分県にありながら温泉の出ない町・豊後大野市で発足したアウトドアサウナ協議会「おんせん県いいサウナ研究所」では、毎年「**サウナ万博**」というイベントを開催。地域の温浴サウナ施設が連携してイベントを盛り上げることが特徴の一つです。

15基のテントサウナや移動式サウナ、地元食材を活かしたサウナ飯、サウナ初心者向けワークショップなど、多彩な体験が楽しめます。

また静岡県では、新たなサウナ文化の創出を目的に「**静岡サウナ協議会**」が設立されています。地域のサウナ施設や団体の連携を強化し、地域経済の活性化を図るとともに、静岡独自のサウナカルチャーを世界へ発信し、インバウンド需要の拡大を目指しています。実際に協議会の方々にお会いすると、地場企業の方々がサウナを通してつながっていく一体感に可能性を感じました。

中でも鳥取県は、**サウナツーリズムを県全域で推進**している注目の地域です。「鳥取砂丘」や「松葉ガニ」といった地域資源に加え、鳥取県庁を中心に新たに「サウナ」を活用したＰＲに取り組んでいます。この取り組みに私もプロデューサーとして3年ほど関わらせていただいています。

県全域でサウナツーリズムに取り組む鳥取県

２０２０年10月。国立公園内では全国初となる常設型のフィンランド式サウナ「**一向平キャンプ場　Nature Sauna**」の開設を皮切りに、鳥取県議会ではサウナツーリズムに特化した質問が飛び交うなど、サウナの活用に向けた議論が活発化。

空前のサウナブームを背景に、２０２１年9月に都道府県としては珍しくサウナツーリズム事業が予算化され、公式サイトの開設など「**ととのう とっ**

とり」のプロジェクトが始まりました。

さらに、ある一人の女性が鳥取県に移住されたことも大きな後押しになりました。彼女の名前は**五塔熱子**《ごとうねつこ》さん。アウフグースマスターとして日本全国で活躍されている方です。

２０２１年に鳥取県琴浦町に地域おこし協力隊として移住した熱子さん。山陰にゆかりの地が多い神話の「ヤマタノオロチ」をテーマにした**ショーアウフグースで見事日本一**（２０２２年開催、予選大会個人戦）に。

さらには２０２３年に開催されたアウフグースのフリースタイルの世界大会（Aufguss WCF）で、準優勝という華々しい成績を収めています。

鳥取県は熱子さんを「とっとりサウナＣＥＡ（最高経営熱波師）」に任命。熱子さんの活動を通じて「ととのう　とっとり」プロジェクトが全国に発信されました。

その結果、彼女のアウフグースを求めて、鳥取県のサウナ施設に**日本中からファンが押し寄せ**、プロジェクトの知名度が少しずつ浸透していきました。

そしてこれらの取り組みを働き盛りの世代にも広げていこうと、「**とっとりサウナワーケーションプロデューサー**」という新たなポストを創設。

様々なご縁もあり、私は本プロデューサーとして2023年から活動しています。実際に私が着任してから「鳥取×サウナ」で推進してきた取り組み、そしてその効果をご紹介します。

施設の活用法をリプランニング

プロデューサー1期目のミッションは、**既存の県内サウナ施設を魅力的に**

プロデュースすること。

まず、県庁の方にご協力いただきながら、鳥取県内全域のサウナ施設の特徴を押さえるべく、フィールドワークを実施。その上で、注力すべき施設の方向性を検討しました。

そして生まれたプランの一つ目は、八頭町にある宿泊施設「OOE VALLEY STAY」の**サウナワーケーションプラン**です。

「OOE VALLEY STAY」は廃校をリノベーションした宿泊施設で、草木染め体験やサウナが楽しめる場所。ワークスペースも充実していますが、利用シーンの具体化が課題でした。

そこで、東京から実際にご家族を招いたモニターツアーを実施し、サウナやアクティビティを楽しみながら、仕事もできる2泊3日のモデルコースを企画。その内容を記事化し、利用イメージを具体的に伝える施策を行い、稼働が低い平日の送客の後押しをしました。

2つ目のプランは、「**一向平キャンプ場　Nature Sauna**」の活用です。中国地方最高峰・大山の豊かな自然に包まれる環境や、ミネラル豊富な伏流水を全身で味わえる「Nature Sauna」の水風呂は、唯一無二の存在といえます。

もともと、サウナは日帰り利用のみでしたが「もっとゆったりとサウナを楽しめるのがいいのではないか」という話から「**サウナ＋宿泊プラン**」という新プランを導入。

その結果、**鳥取県外からの利用者が増加**。サウナを全面に押しだしたプランが、**施設の稼働率を上げる**要因の一つにもなっています。

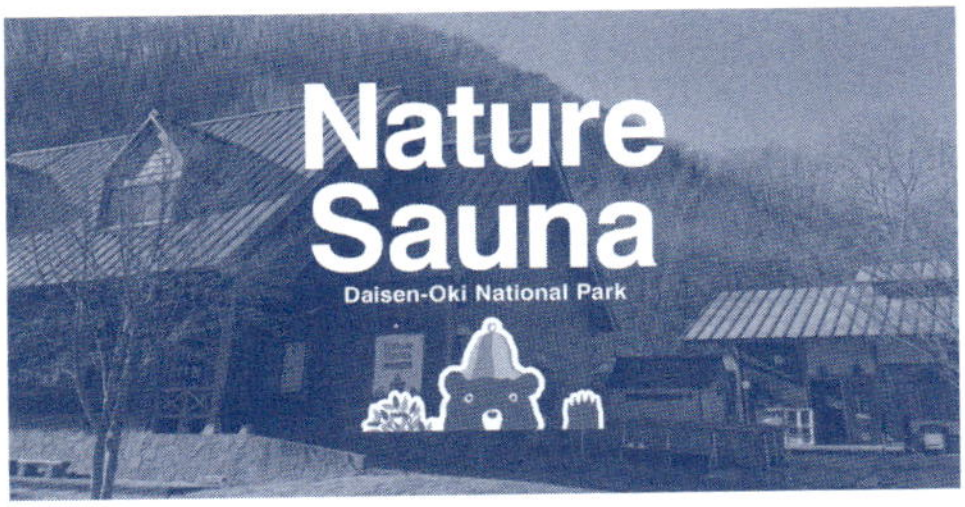

サウナで官民一体化

プロデュース1期目で魅力的なコンテンツの構築に成功したため、2期目では**さらなる認知拡大を目指した活動**を推進しました。

まず2024年9月には、日本最大級の生活雑貨の国際見本市「東京インターナショナル・ギフト・ショー」のサウナフェアに、「ととのうとっとり」として出展。

ブースには、鳥取県産の木材で作ったサウナ小屋や、鳥取の石材屋さんによるシリカ入りサウナストーンなど、**鳥取の地元企業とサウナをかけ合わせたオリジナル商材**が並びました。

この出展により、地元企業が県外へ販路拡大する

といったビジネスチャンスが生まれ、サウナを通じた観光振興にとどまらず産業振興につながったと聞いています。

さらに同年11月には、関東圏のサウナ好きに鳥取県の魅力を知ってもらおうと、**横浜の「スカイスパ」と連携したイベントを開催**。トークショーでは、なんと鳥取県の平井知事とＪＡＬの鳥取三津子社長にもお越しいただき、〝鳥取〟つながりでの夢の対談に、会場も大いに盛り上がりました。

満員御礼となったイベントでは、鳥取県産の食材やご当地グルメ、美しい水、雄大な自然を兼ね備えた鳥取県を体感し、参加者から「次のサウナ旅は鳥取県に行きたい」との声も多く寄せられました。

人口最少県である鳥取は、人口減少の影響を強く感じているといいます。だからこそ、「サウナで地域を盛り上げる」と決断してからの、**行政・民間事業者の皆さんの一体感やスピード感にはすさまじい**ものがありました。

鳥取県では、地域資源を活かしたサウナコンテンツのさらなる拡充を進めるとともに、サウナを活用した地域振興や企業・団体との連携も積極的に推進しています。

「ととのう とっとり」の取り組みに、今後もぜひご注目ください！

まとめ

サウナが呼び水となり、人々が集まり地方が活性化！

日本航空株式会社
社内ベンチャーW-PIT
サ旅事業統括

岡本 昂之

2009年新卒で日本航空に入社。Webマーケティングや新規事業開発の部門を経て、現在はデジタルテクノロジー本部にて非航空領域やデータマーケティング領域におけるDX推進を担う。その傍ら、社内ベンチャー制度で立ちあげた「JALサ旅事業（サウナツーリズム）」の事業統括を担いつつ、約550名が集うJALサウナ部や200社以上の企業が加盟するJAPAN SAUNA-BU ALLIANCEの共同代表を務める。フィンランドサウナアンバサダー（フィンランド政府観光局公認）。

「好き」からつながるコミュニティや仕事の創出

異業種の企業がサウナを起点に「つながり、まざり、ととのえる」。そんなJSAが発足した2019年から早6年。そのJSAで共同代表を務めるJALの岡本昂之氏は、社内でサウナ×新規事業となる「JALサ旅」を推進。

JALサウナ部は約500人を有する最大規模の社内部活ながら、当時はサウナを活用した事業アイディアへの理解を社内で得るのに苦労したといいます。会社員という立場でありながら、自分らしい挑戦を続けるその大切なマインドセットを、カワちゃんとともに紐解いていきます。

ゆるい共通言語が安心感につながる

岡本　JSAが発足してもう6年。いろんなことがあったね。でもJSAが発足したきっかけとなった7社の企業の代表者たちが会議室に集まったときのことを、いまでも鮮明に覚えてるんだよね。

川田　わかる！　私も昨日のことのように覚え

てるよ。初めはお互いスーツで異業種ばかりでどんな人か、なにをやってるのかもわからない。「空気が重いな……」って感じだったのに、名刺交換しながらホームサウナの話になった途端、この会議室はいまオフィスで一番うるさいんじゃないかってくらい、みんながしゃべりだしたよね（笑）。当時（2019年）は会社内にもそこまでサウナ人口が多かったわけじゃなかったから、ニッチな共感力の高さというか、熱量もすごかった。**自分の「好き」な領域をわかり合える人がほかの会社にもいるんだ！**っていう発見もあって嬉しかったんだと思う。

岡本　初めは「サウナで日本が元気になるんじゃないかな」っていう仮説を持ちながらコミュニティ活動をしてきたけど、加盟企業が50社を超えたあたりから、その熱量が自然と伝播し出した感じもしていて。この6年間を振り返ってみると、**会社を超えたつながりを持つ上で、サウナが相性抜群**っていうのが証明されたのかなって思う。

川田　ビジネスの話って共通言語が「上司」や、「KPI」「マーケティング」とかっていうビジネス用語ならではの緊張感もあるし、いわゆる「探り合い」が発生するよね。だけどサウナの話は、「気持ちいい」「ととのう」「ロウリュ」とか、**共通言語にゆるさがあって。**そこから生まれる雰囲気が、企業間がつながる上での安心感にもなってるんじゃないかなと思う。

特に世代や性別を超えて共通の話題になりやすいこと、あと少し特殊性があることがよかったのかもしれない。「サウナが好き」っていう共通点がベースに

あって。「なにかやりたいですね、ブレストしてみましょう」と企画出しをするとすごく自由で面白い。例えば、「サウナでととのった人の表情だけを展示した『**ととのい顔選手権**』を美術館でやりたい」とか（笑）。

新規事業の推進力は自分の原体験

川田　岡本さんは世の中でもまだまだサウナが浸透していなかった中で、社内の新しいチャレンジとして「ＪＡＬサ旅」事業を立ちあげたよね。最近、私の周りの若手社員から、「**好きなことがあって仕事にしたいけどなかなかうまくいかない**」っていう相談をよくもらうんだけど、どう思う？

岡本　会社で新しいことを始めるときの支えになるのって、**自分の原体験**だと思うんだよね。2019年に私がＪＡＬの新規事業として「サ旅」をやりたいって言ったとき、社内からは「なんでＪＡＬがサウナをやるんだ？」「空港にサウナをつくるってこと？」って全然理解してもらえなくて。それでも確信を持って取り組みを進めることができたのは、私自身にサウナ旅の原体験があったから。それまで何度も「あのサウナに行きたい」っていう原動力で、当たり前のように飛行機に乗って、熊本の「湯らっくす」とか北海道の「白銀荘」まで旅をしていたんだよね。「ＪＡＬ サ旅」は、突拍子もないアイディエーション（アイディアを形成する過程）から着想したわけではなく、もっとシンプルに「**自分が心底推せるもの！**」という圧倒的な熱量から生まれている。

あとは、もちろんそのマーケットに身を置いていることも大事だと思う。机上の空論ではなく、好きだからこそサウナマーケットの本当の市場価値や課題感、ニーズとかが見えてくる。この原体験やマーケットに身を置くことから生まれる、「**肌感覚**」が新しいことを始めるには大切だと思っていて、ちゃんと企画に「重心」が乗ることによって、そこから次第に共感の渦が生まれていって、社内外の仲間もどんどん増えていったんだよね。

自分のやりたいことを「打ち上げ花火」で終わらせない

岡本　それでも自分がやりたいことが社会的なニーズがあるのかはわからないし、一方で「とにかくやってみた！」で一過性のものにはしたくない。だから2〜3年くらいのスパンで、ステップやフェーズを考えながらなにから始めるかを、戦略的かつロジカルに計画していった。「サ旅」の例でいくと、この概念がまだ社会的に認知されていないときに最初の一歩としてこだわったのが、**反響の可視化**。そのために、X（当時はTwitter）で「JALサ旅」と絡めたリツイートキャンペーンをやってみたんだよね。すると私と同じような原体験を持った共感者たちから「ついにJALやってくれたか」「こういうのを待ってたぞ」「JALで行くなら○○のサウナがオススメ！」といった声が、コメントも含めて**約16万件のリツイート**につながって。この数字や反響で、疑心暗鬼だった社内の人たちがちょっと興味を持ち始めてくれたんだよね。そこから「**JALサ旅ダイナミックパッケージ（ツアー商品）**」の商品開発や、ウェブメディア「**ご当地サウナ委員会**」の開設といった多角的なサービスにもつながっていった。

そのときの社会環境や企業環境によって、戦略の組み立て方は変わってくると思うから、王道パターンがあるわけじゃないけど、**新しいことを始めるには、やっぱり自分なりにちゃんと作戦を組み立てて進めることが大切**だと思う。そこに本気度やパッションも表れると、結果だけでなく共感も生まれてくるんだって感じてる。

苦しい時期を乗り越えるのは「面白がる力」

岡本　よく「新しいチャレンジや好きなことは楽しんでやろう！」とも言われるけど、自分がやりたいことをやれていたとしても、楽しいことだけではもちろんない。ビジネスで新しいことを始めるときは、「**うまくいかなくて当たり前**」なので、むしろ苦しいことや悩むことのほうが多い。そんな、なにが正解なのかわからない道を進む中で、**ぶちあたる苦難も絶望も喜びも、ありとあらゆる場面をどれだけ「面白がれる」か**。その割り切りやマインドがとても大切だと思う。

川田　それは私もすごく共感するな。仕事って、いろんなミッションがある環境の中でも、「**自分がどう立ち回るのか**」っていうことが大事だと思うんだよね。例えばサーフィンみたいに、波の動きを読んでみたり、波に合わせて泳ぎ方を変えたり、足りないテクニックを磨いてみたり。もし失敗したとしても、失敗した自分のやり方を笑ってる、みたいなときもあったりしてね。やりたいことの根っこには、大変でハードな場面もあるけれど、それを**面白がる力を持っていると、周りにもポジティブが伝播する**。だから、周りのみんなも共感してついてきてくれるんだよね。

岡本　実際にサ旅チームのメンバーが新しい挑戦をするときにも、「とりあえず面白がっていこう！」とか「これっていままでにない取り組みだよね。ってことはなにかしら前進してるってことだよね」みたいな会話をしている。そうすれば厳しい交渉や、複雑な情報整理なども、すべてのアクションが「**新しい前例**」を生んでいる感じがして、気持ちもポジティブになる気がするんだよね。

川田　マネジメントの方向性としても、目先の数字も大事だけど、**それ以上にメンバーの実現したい希望や可能性を広げていく**。それが新たなビジネスチャンスにつながるかもしれないから。「面白がる力」に加えて、**より「面白くする力」、そして周りを「面白がらせる力」**。今後はそういう考え方が必要になってくるとも思う。それでも「やっぱり怖い」とか「不安だ」って言う社員がいたら、なんて答える？

岡本　**「大丈夫、なんとかなる！」**って言うかな(笑)。

日本のサウナのポテンシャル

岡本　「JALサ旅」は、**「サウナを日本の観光産業におけるキードライバーに」**をビジョンに掲げています。世界を見据えたとき、観光産業は日本が誇る一大産業だと思っていて。その中で「温泉」とか「スキー」とかに並ぶ主力選手として、「サウナ」が出てくる世界線を目指してる。そのためにまずは「サ旅」が日本屈指のカルチャーとして定着することが大事で、自治体やJSA企業との協業などを通して、海外に向けていまの日本のサウナシーンを伝えていきたい。

川田　日本のサウナって本当にポテンシャルあるよね。時代やライフスタイルに合わせて進化してきた、**日本ならではの編集力や情熱**から生まれた素敵なサウナが、いまや全国に広がってる。この日本独自のサウナ文化を、ぜひインバウンドの方々にも体験してほしいな。

岡本　私たちが海外に行くときも、その国で盛り上がっている習わしとかにすごく興味が湧くじゃない？　だから海外のお客様にも、サウナ施設紹介だけじゃなくて、**日本人がどうサウナを楽しんでいるかであったり、どういうムーブメントが起きてるかも含めて興味を持ってもらいたい**。もちろん、JSAのこともね。JSAも「日本」(JAPAN)ってついてるくらいだから、**やっぱり世界進出しないわけにはいかない**なって感じていて。

　2024年2月にJSAの有志メンバーでフィンランドツアーをしたとき、ただ現地のサウナを巡るんじゃなくて「**フィンランドのウェ**

ルビーイングを体感しに行く」っていうのが、主目的だったんだよね。実際に現地の企業とSDGsやツーリズムの考え方についてディスカッションやミーティングができたのは、すごく面白かった。その様子がなんか**JSAが日本の企業コミュニティとして、フィンランドの企業とコラボレーション**しているような感じもあって。将来的にはもっといろんな国の企業とセッションをして「世界をよくするにはどうすればいいんだろう」って切磋琢磨できたら、ソーシャルインパクトも出て面白いんじゃないかなっていう可能性も感じてる。

川田　そういった活動を進めるためにも、JSAに加盟してくれている約4000人のメンバー同士のコミュニケーションも、もっとオープンに推進していきたいよね。

　JSAにはサウナ利用者と、地域で活動するメーカーさんやサプライヤーさん、地域の自治体が混在しているから、サウナ領域でもそれ以外でも、**お互いがマッチングしやすいような環境づくりや仕掛け**もしていきたい。それがまさに「日本ビジネスシーンの活性化」にもつながると思うから。

サウナで、学生や先生もつながる

川田　ほかにも、JSAでは企業だけじゃないつながりを生み出していきたい。例えば**学生さんや学校の先生とのコラボレーション**もチャレンジ領域としてやっていきたいな。

　JSAには各大学のサウナサークルの方から

も問い合わせが来るけど、就職活動や学生起業や生き方など、企業で働く先輩と直接つながれる機会って学生さんにとってもすごく貴重だと思うんだよね。私たちとしても世代を超えて一緒に合同イベントができたらなにが起きるんだろう?ってワクワクもする。

学校の先生でいうと、JSAの先生版**「JSA Teacher」**みたいなコミュニティづくりのお手伝いもできたらいいなぁって思っていて。最近、「JSAに加盟したい」って問い合わせを、北陸で働く現役の中学校の先生からいただいたんだけど、その理由が切実で。学校の先生は、生徒や保護者との接点は深くあるけど、先生同士の接点や人数が少なく孤独だと。だから全国の先生とのつながりを求めているとのことなんだよね。先生の**持続可能な働き方を考えたり、教育や学びの持つ楽しい面を、サウナに癒されながらシェア**し合ってもらいたい。JSAのいままでの知見を活かしたら、力になれるところもあるんじゃないかなぁって思ってる。

岡本　ここまで話してきて、JSAの面白さってやっぱり**「決められたレールを走るのとは違う、なにがどうなるのかわからないワクワクさ」**にあるよね。これからも、先が見えない未来をもっと楽しんでいきたい。

川田　サウナのおかげで立場や肩書きを超えて人と人とが内面からつながれる。そして、そのつながりが、お互いを応援し合う温かい輪となり、さらに広がっていくことを願っています。岡本さん、そしてJSAの皆さん、これからもよろしくお願いします!

CHAPTER 4

これからの新時代、サウナが仕事に

EPISODE 1

人が来たくなるサウナをつくるには

雄大な立山連峰と日本海に囲まれた富山県。

その立山町の限界集落に位置する1日1組限定の一棟貸切サウナホテル

「**The Hive**」（ザ・ハイブ）。

私はそのホテル内のサウナをプロデュースさせていただきました。

オープンして3年目の2024年。直近のデータでは、1か月の営業日すべてに宿泊予約が入り、稼働率は100％を初めて達成。日帰りを含めると平均稼働率は7割以上とありがたい反響をいただいています。

さらにお客様の約7割が県外から来ており、最近ではなんとタイや香港、韓国、台湾といった海外からお越しになる方も増えています。

これだけ聞くと、好調のように思われるかもしれませんが、限界集落にあるこの施設に、全国から本当に人が来てくれるのか……。コンセプト決めから、オープン、稼働まで、サウナ施設のプロデュースには、長い道のりがありました。

サウナはブームからカルチャーへ

現在、日本は第三次サウナブームの真っ只中です。若者や女性といった新規ユーザーの増加に加え、社会全体がウェルビーイングを目指す時代の動きにもマッチ。さらには「サ旅」も一般化。**サウナは「ブーム」から「カルチャー」、そして「ライフスタイル」へと変化**しつつあるのです。

あらゆるもののデジタル化が進む中で、サウナは原始的で本能的な体験であり、心と身体をととのえ、自然と人をつなぐ特別な空間です。

「**サウナに恩返しをしたい**」

その魅力に惹かれ、会社を辞めて施設のオーナーになる方や副業でサウナビジネスを始める方、いつかはサウナに関する仕事をしたいという目標を持つ方も増えていると聞きます。

私は建築を本業とし、35年の「好き」を追求したサウナ経験値があります。このおかげで、ありがたいことにサウナプロデュースのご相談を数多くいただいています。

私の強みは**「利用者目線」と「設計者目線」の両方を強く持っていること**。そして施設オーナーではないからこそ、中立的な立場で全国のサウナ施設を俯瞰的に見ていることです。

サウナの体験を通して、「人々を笑顔にしたい」「忙しい現代人にリラックスできる空間を届けたい」「自然や地域資源を活かした癒しを提供したい」「地元を盛り上げたい」などと考えられている方。

本書最後となるこの章では、そんなあなたへ、全国のサウナ施設を設計・プロデュースし、サウナ業界の仲間とつながり日々学び、国内外の何百ものサウナ施設を体験してきた私から、サウナを仕事にするための事例や心構え、新たな価値創造のヒントをお届けします。

限界集落に世界中から来訪「The Hive」

「The Hive」が位置する富山県。この土地に訪れたのはさかのぼること約5年前の2020年。当時、多様な働き方を目指すコクヨのワーケーション推進の視察として全国を行脚しており、その行き先の一つが富山県でした。

実は富山県は、コクヨ創業者・黒田家発祥の地。黒田善太郎が富山県を誇りに思い、「国《くに》の誉《ほま》れとならん」という想いを込めて名付けた「国誉《こくよ》」が、社名の由来にもなっています。

標高3000m超の雄大な立山連峰と、水深1000mの日本海に挟まれた富山県は、冬には2m以上もの雪が積もることもあります。その雪解け水は土へ還り、清らかな水となって自然を潤します。そして良質な水は美味しいお米を育み、美味しいお酒を生み出します。

ほかにも木彫刻や銅器、絹織物や和紙といった伝統工芸が受け継がれ、歴史と文化が色濃く息づく地域です。

会社としてもご縁があるこの土地を視察するうちに、四季折々の美しい風景と心温まる人々が住むこの富山は、私にとって何度も訪れたくなる特別な場所となりました。

そんな富山県の魅力に心惹かれ、視察を重ねていた中で出会ったのが、「The Hive」のオーナーである前田薬品工業株式会社（以下、前田薬品工業）およびDouble Score代表の前田社長でした。

前田薬品工業は、医薬品の自社製造などで成長をしてきた50年以上の歴史を持つ富山県の企業です。

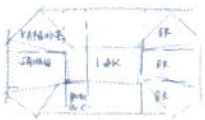
©U Share Inc.

前田社長は、健康な人を育む予防医療に挑戦する想いから、「**22世紀に向けた新しい村づくり、人づくり**」を掲げ、立山連峰を望む地にハーブ園を創設。隈研吾氏設計のレストラン運営やハーブ製品、蒸留所、クラフトジン製造など、多角的な事業を展開されています。

©U Share Inc.

そうした事業の一環として着手されたのが、「The Hive」のコンセプトである「**土の中のサウナホテル**」です。

前田社長と私は、互いにサウナ好きという共通点からすぐに意気投合。理念をお伺いする中で、その世界観に強く共感し、即座にプロジェクトへの参加を決意しました。

地域の魅力を最大化したサウナ施設

「土の中のサウナホテル」実現に向けた私の役割は次の通りです。

・サウナの体験価値、利用者満足度の向上
・地域の魅力の最大化と持続的な利用促進
・安全で安心な運営スキームの構築

このプロジェクトに参加することにワクワクしましたが、オープンまでに考えるべき課題は山積みでした。さらに、コロナ禍で対面でのやり取りが難しい状況も続きました。

ホテルの立地は、世帯数が20軒にも満たない限界集落。美しい日本の原風景が広がる魅力的な場

©U Share Inc.

所ですが、全国からわざわざ訪れる価値をどう生み出すか、メンバー全員で何度も議論を重ねました。

なかなか答えが見つからない中、現地を再訪した際に目を奪われたのが、**建物を囲む美しいラベンダー畑**でした。

前田薬品工業では、「世界一美しい日本の原風景をつくる」という構想のもと、このラベンダーを活用した化粧水やハーブティーなどの生産を手がけています。

その香りと効果に癒された私は、これを「土の中のサウナホテル」の象徴にできないかと考えました。

多くの施設では当時、ロウリュに使用するアロマは既製品が主流でした。

しかし、敷地内のラベンダーを用いたロウリュなら、**目の前で芽吹いてい**

るハーブを五感で味わう唯一無二の体験が提供できるはずだと直感。これがプロジェクトの一つの道筋となりました。

サウナ施設が人気になる共通構造とは!?

「The Hive」の大きな特徴は、**六角形の建物形状**。口コミでも「六角形の」「変わった形の」と話題になっています。

サウナ施設が人気になっていくには、次のような共通の構造があると考えます。

圧倒的な感動体験（インパクト）→わかりやすい

コンセプト→記憶に残り語られる（口コミ）→認知→訪問

そのため、「視覚的インパクト」と「わかりやすいコンセプトづくり」を目指し、議論を重ねて設計を進めました。

オーナー・設計者・運営者に加えて、サウナプロデューサーが入り、フラットな関係で同じ目指す姿へ向けて、対話を重ねることが重要だと考えます。

「土の中のサウナホテル」は六角形を象徴とし、「The Hive（＝蜂の巣）」という名前に決定。

なぜ「土の中」かというと、日々多忙な人々に「人間の世界」ではなく、「ハチの世界」へ視点をダイレクトに変えることで、非日常の没入感を生み出したかったからです。それが心身のリラックスや仲間とのかけがえのない時間につながると思いました。

U Share株式会社の上田社長とチームが斬新な設計を手がけ、さらに前田社長が当初予算を超える施工や数々のチャレンジを承認してくださったことで、唯一無二の施設が完成しました。この挑戦を支えてくださった皆さまに心から感謝しています。

ハードだけでなく、ソフトの魅力も訴求

「土の中のサウナホテル」、目の前に広がるハーブを使ったハーバルサウナ、六角形の独特な外観――これだけでも「The Hive」の魅力は十分ですが、私がさらに注目したのはマネージャーのアチャさんの存在です。

インド出身のアチャさんは、ヒマラヤの山岳ガイドや日本のアウトドア用品メーカーでの勤務経験を持つプロフェッショナル。

富山に移住し、自然豊かな環境で新たな挑戦にワクワクしながら、訪れるお客様にも感動を提供したいという情熱を持っています。

さらに、彼の特技である**スパイスたっぷりの本格カレー**は驚くほど美味しく、「ハーブ」と「スパイス」の融合という新たな価値観を見せてくれました。このカレーとアチャさん自身の魅力は、「The Hive」の体験価値をさらに高めると確信。

こうして、「The Hive」は**ハードの魅力に加え、ソフトの個性をも兼ね備えた施設**へと進化したのです。

日常を離れてリセットできるサウナ

オープンを迎えると、「土の中のサウナホテル」というユニークさから取材が殺到。記者の多くがこんな疑問を投げかけてきました。

「遠方から本当に人が来るのでしょうか？」

東京から約3時間かかる限界集落に、商機はあるのか——私たちはこの問いに何度も向き合いました。そして私はこう答えました。

「**日々多忙な人々が求めているのは、日常を離れ、『いまをリセット』する場所です。**立山連峰の雄大さや美しい景色は唯一無二の体験で、首都圏のお客様のニーズに合致しています。『The Hive』は、全国から、そして世界中から愛される施設になると確信しています」


この予測は現実となり、訪れたお客様がSNSや口コミで魅力を発信。自然と認知も広がり、国内外から多くの人々が訪れる特別な場所へと成長しました。

中には結婚記念日やプロポーズに、そして企業合宿やワーケーションに利用され、「The Hive」をきっかけに初めて富山県に来た人もいるようです。

このように、「The Hive」は多くのお客様に愛され、無事に3年目を迎えました。さらに期待に応えるべく、屋外風呂の新設や施設の拡張を行い、存在価値を再定義していきます。

また、長期的な構想として「全国The Hiveプロジェクト」も進行中です。「The Hive」での経験をもとに、個々の地域の魅力を詰め込んだサウナ施設を全国各地に展開し、地域活性化を目指しています。

いつかあなたの街にも「The Hive」が誕生する日が訪れるかもしれません。

まとめ

地域の魅力を見つめ直し価値を最大化することが大切！

EPISODE 2

全国でサウナをプロデュース

富山県「くらすサウナつるぎ」

私がプロデュースに携わったほかの施設もご紹介しましょう。「The Hive」と同じく富山県の「**くらすサウナつるぎ**」です。

施設オーナーである前川建築は木造建築にこだわる設計施工会社で、一軒家のモデルハウス「景《ひかり》の家」を2018年にオープン。しかし、モデルハウスのため見学者の滞在時間が短く、「景の家」の魅力を十分に伝えきれていないという課題がありました。

そこで**庭先にサウナ小屋を新設し、1日1組限定の一棟貸切宿泊施設**にするというアイディアが生まれました。「くらすサウナつるぎ」はキッチンや書斎、暖炉や縁側を備え、**旅行以上・移住未満の生活体験が可能**です。

実際に富山での生活やサウナがある暮らしを想像してもらいやすいようにと、**長期滞在プラン**も準備しました。最大6名が宿泊でき、家族やグループでも利用できる設計に。

また、水橋温泉「ごくらくの湯」の天然温泉を直送した露天風呂もオプションで楽しめます。露天風呂と天然水風呂の温冷交代浴はぜひご体験を。

「モデルハウス」を「サウナ付き宿泊施設」に変えたことで、滞在時間の延長に成功。日本らしい縁側や畳のある暮らしを体験できると、首都圏やインバウンドのお客様にも好評を得ています。

「くらすサウナつるぎ」は、「住む」体験を通して心も身体も「澄む」新たな価値を提供する施設となりました。

神奈川県「スカイスパYOKOHAMA」

関東圏の事例として、「**スカイスパYOKOHAMA**」をご紹介します。

ここは私のサウナプロデュースの原点でもあります。

２０１８年頃、よく仕事後にスカイスパを利用。最高の環境でサウナでリフレッシュできるのはいいのですが、**サウナ中に思いついたアイディアを、退館までに忘れてしまう**ことに悩んでいました。名物サウナ飯の生姜焼き定食を食べながらＰＣを開いて「なんだったかなぁ」と思い出しながら企画の整理をする日々（笑）。

そのとき、「**ここにワークスペースがあれば解決するのでは？**」と思い立ち、その場で企画と設計図をラフに書き、施設に「こんなニーズがあると思うのでいつかつくってください」とお願いしました。

するとそのアイディアが社長に伝わり、「ぜひやりましょう！」というお言葉を。企画は面白法人カヤックのサウナ部と合同で検討し、コクヨでワーク

スペースのプロデュースを担当することになりました。これが当時は新しかった「コワーキングサウナ」の成り立ちです。

事の発端は「ビジネスにしよう」という考えではなく、**純粋な当事者意識から**。私が感じている困りごとは、きっとほかのお客様も感じているはず。その課題に対して、**設計者目線で「働き方」を通して解決を図る**という発想が、コクヨ社員であり建築を仕事にしている私だからこそできたのかもしれません。

ワークスペース誕生から7年が経ったいまでも、男女問わず平日の日中に多くのワーカーが訪れ、アウフグースの時間を目標にタスクを進める光景が。「スカイスパYOKOHAMA」は、老舗でありながらチャレンジを続けるパイオニアとして、**サウナと仕事が両立できる新しい利用スタイルを提供する場所**となりました。

東京都「あかざる」

最後にご紹介するのは、2024年にオープンした神楽坂にあるサウナ専門施設「**あかざる**」です。

このプロデュースは、大のサウナ好きとしても知られるサバンナ高橋さんのYouTubeチャンネル「SSS」（しげおサウナ作戦）シリーズに私が出演したことがきっかけで、ファンであるオーナー様からご相談をいただいたご縁で始まりました。

オーナーは神楽坂の物件を扱う老舗不動産会社の方で、**閉店した老舗料亭の趣ある建物を次世代につなげたい**と考えていました。

そこで神楽坂らしい情景を残しつつ、現代の「大人の社交場」としてサウナ施設を構築することに。

私はプロデュースにあたり、市場のデータ分析だけでなく、**神楽坂の街を歩き、カフェで数時間人の流れを観察**。その中で、想像以上に若い人が多いことに気づき、初期案だった「格式高い個室サウナ」を見直し、若い人も気軽に利用できる「**パブリックも個室も併設したハイブリッド型サウナ**」を提案しました。

2階は予約不要の男性専用パブリックサウナ（最大20名利用可）、1階は47㎡の個室サウナで、最大6名まで男女で貸切利用が可能です。1階にはモニターがあり、打合せや食事が可能です。

また、料亭の趣を残した控えめな外観や土壁、行燈などの内装を活かし、街の景観に馴染むデザインを採用。その結果、学生から中高年まで幅広い層が訪れる場となり、「落ち着いた雰囲気」「黙浴表記がなくてもマナーが保たれ快適」「中庭や檜風呂が最高」など、利用者から高評価をいただいています。

古きよき料亭がサウナに生まれ変わり、神楽坂の新しい大人の社交場として愛される場所となりました。

ちなみに、「あかざる」の名前の由来は現地でのみ掲示されています。ぜひ温まりながら、由来を見つけてみてくださいね。

まとめ

既存の悩みや課題にこそ、いい体験を生むヒントがあるかもしれない。

EPISODE 3

人気サウナ施設にある3つの共通点

ここまで私がプロデュースした実例の一部をご紹介してきましたが、プロデュースを行う際に常に心がけていることがあります。

それは、日本全国や世界中のサウナ施設オーナーとの対話、そしてサウナ利用者として多数の施設を訪れる中で得た気づきに基づいています。

お客様に愛されるサウナ施設には、**共通する3つのポイント**が存在します。

これからサウナ施設オーナーを目指す方、あるいはすでに経営されている方にとって、これらがなんらかのヒントになれば幸いです。

その1　施設を支えるサウナへの愛

まずお伝えしたいのは、私見ですが「サウナは儲かりそう」「ブームだから」という理由で始めても、**うまくいかないほうが多い**のではということ。仮に投資額が大きい場合、黒字化に数十年かかることもあります。また建設コストや光熱費の高騰、そして人材の雇用など課題もたくさん。

とすると事業継続の根本には、「**サウナへの想いや情熱**」「**自らが楽しむ余裕**」「**なぜそれをやるのかという使命感**」がなければ、事業は持続しないのではと考えます。

また近年、サウナ施設はスペック競争からソフト面での魅力向上へとシフトしているように感じます。施設が多様化し、利用者の経験が豊かになり、SNSや口コミを通じて情報が広がり知識が深まっています。

だからこそ、いま求められるのは**サウナへの「愛」**。その愛が独自性を生み出し、「どんな人に」「どのように楽しんでほしいのか」など、施設ならではのストーリーを形作っていくのです。

象徴的な事例が、全国のサウナ好きの聖地・長野県の「The Sauna」です。

年間約4万人ものお客様が訪れる全国屈指の人気施設ですが、実はオープン当初は設備が十分にととのっていなかったそうです。

ですが、支配人の野田クラクションベベーさん

が、「なぜサウナを始めようと決めたのか」「どんなサウナを提供したいと思っているのか」その**熱い想いをブログにアップ**。

その結果、ブログは大きな共感と感動を呼び、ハード面への期待以上に、「**応援したい**」というファンが施設に押し寄せました。

またその想いが詰まったこだわりの世界観と、季節ごとに変わる風景からリピートされる方がたくさんいらっしゃいます。

そんな愛にあふれた活動がスタッフ一人ひとりからも伝わり、入り口からとても居心地のよい空間が広がっています。

さらに、「The Sauna」で接客や運営、メンテナンスを学んだスタッフが独立し、京都府京丹後市の「ぬかとゆげ」や「蒸－五箇サウナ－」で活躍しています。両施設ともに個性的で素晴らしいサウナ体験を提供しています。

こうしたサウナへの愛がつながり、よい循環を生み出しているのです。

仕掛ける側がサウナの力を信じ、情熱を持って愛を伝えることで、その想いは必ずお客様の心に届く。私はそう信じています。

その2 地域の「玄関口」になっている

サウナへの「愛」とともに重要なのは、**地域の魅力を再発見し、それをサウナ体験を通じて最大化して伝えること**。

地方サウナに人が訪れる理由は、地域特有の体験を求めているからであり、流行を追うだけでは本当の魅力は伝えられません。

そこにはどんな人が暮らしているのか、文化的な背景はなにか、だからこそ生まれるサービスはなんなのか。サウナがきっかけで知ったその街を、**サウナを玄関口にしてもっと知りたい**のです。

最近、私がまさにその体験をしたその施設が北海道小樽市の「SAUNA Otaru arch」です。施設のアプローチには小樽軟石を使用し、エントランスの「北一硝子」の硝子工芸や、北海道の方言での出迎えが小樽らしさを演出。

名所をモチーフにしたサウナや水風呂、地場産のシャンプーやタオル、ソウルフード「おさかなフランク」や「小樽ビール」など、すべてが地域の魅力を体現しています。

また、サウナ室で流れる心地よい音楽について施設マネジャーのエレガント渡会さんに質問したところ、なんと常連客である地元出身の作曲家によるものとのこと。

こうした**細部にわたる地域とのつながりが、「また小樽に行きたい」と思わせる独自性を生んでいます。**

さらに、小樽市民と一緒に訪問することで適用される「**小樽割**」があるほか、地元の観光情報の提供など、**地域全体を楽しめる仕掛け**も魅力の一つ。

このように、サウナを「玄関口」に、その地域を深く知り、新たな魅力と出会える環境が提供されています。

万人受けを狙うのではなく、地域の個性を打ち出すことで共感を呼ぶ施設づくり。あなたの地域でも取り入れてみてはいかがでしょうか。

その3　安心・安全・清潔を第一に

サウナ施設を運営する上で最も重要なのは、「**安心・安全・清潔**」です。利用者が裸で過ごす空間だからこそ、怪我や事故のリスクがないか、そして清潔であることが欠かせません。

2023年にオープンし、リピート率の高い人気施設「HARE-TABI SAUNA & INN YOKOHAMA」（ハレタビサウナ）での体験は、この基本の重要性を再認識させられるものでした。

横浜中華街を楽しむイベント「横濱中華街SAUNA DAY」に参加した際、施設内の徹底した清掃が特に印象に残りました。

通路の床を丁寧に拭いているスタッフさんに理由を尋ねると、「**転倒防止はもちろんですが、足元が濡れていないほうがお客様が快適に過ごせると思って**」と笑顔で返答してくださいました。

さらに、サウナ室のベンチやシャワーヘッドの拭き上げ、シャンプーの整頓など、あらゆる場所が清潔に保たれていることに気づきました。

事業長の坂西さんは、「社員教育で最も意識しているのが、まさに『**清掃**』です。お客様に気持ちよくサウナを楽しんでもらうためにも、日々、目に見えないところまで徹底して清掃をしています。清潔な環境を維持するためには、マニュアル通りにやるだけでなく、**清掃の目線を養う日々のトレーニングが重要**。すると、気温によるちょっとした臭いの変化などにも気づけるようになるんです」と語ります。皆さまの姿勢と心温かさに感動したことを覚えています。

施設の監修を手がけるのは「サウナ王」こと太田広さん（株式会社楽楽ホールディングス代表取締役）。彼が25年以上の経験を通じて大切にしているのは、「**魂は細部に宿る**」という考え方です。

清掃が行き届いた空間はそれだけで非日常を生み出し、訪れた人が他人に語りたくなるような魅力になるのです。

サウナづくりに終わりはない

人が集まるサウナ施設のポイントをお話ししてきましたが、最後にお伝えしたいのは、「**サウナづくりに終わりはない**」ということ。そのことを実感させてくれたのが、高知県の「**SAUNAグリンピア**」（以下、グリンピア）です。

「グリンピア」は倉庫を改装して生まれた施設で、日本中から熱狂的なファンが訪れています。オーナーの吉永さんは、遠方から来店するお客様のために「**その人の地元のサウナにはない体験を提供したい**」という想いを持ち、日々施設を改良し続けています。

「グリンピア」の大きな特徴は、話し声ＯＫの「ＣＨＡＴ サウナ」と、黙浴専用の「ＨＵＳＨ サウナ」という2つのサウナ室です。

吉永さんは全国のサウナを巡る中で、**「一人で静かに入りたいとき」と「グループで話したいとき」の2つのニーズがある**ことに気づきました。SNSのアンケートでも、「話したい派」と「黙浴派」がほぼ半数に分かれることを知り、2つのサウナ室をつくるというアイディアを実現したのです。

「CHAT サウナ」は明るい照明と低めの温度で会話に適した空間を提供し、「HUSH サウナ」は暗めの照明と厳格な黙浴ルールで静けさを楽しめる空間に。それぞれのコンセプトを明確に分けたことで、幅広いお客様のニーズに応えることができ、さらにファンを増やしています。

このエピソードから学べるのは、「**時代やトレンドとともに変化するお客様のニーズに寄り添い、**

施設を進化させることの大切さ」。

吉永さんのように日々のお客様や世の中の変化に目を配り、たゆまぬ創意工夫を続けることで、**サウナ施設はお客様とともに成長し、長く愛される場所になる**のです。

施設オーナーの方々の声をヒアリングする中で、サウナをつくること、そしてサウナ施設で働くことは、新しい発見と挑戦があり、無限の魅力が詰まっていると私は改めて感じています。

どっち派？　サウナ利用者の価値観を考える

多様化するサウナ体験の中で、利用者の価値観や利用シーンはますます広がっています。大事なのは次の3つかと思います。

①利用者の属性や体験価値に応じた意志を込めた設計
②利用者へ体験の明確な方向性を提示
③変化へのヨハクを持つ。利用者の嗜好やトレンドは時代とともに変化する

次ページに、サウナ設計や利用促進の参考になるよくある「どっち派？」をテーマに、10件の事例とそのメリット・デメリットをまとめました。利用者に施設の魅力を訴求する際の参考にしていただければ幸いです。

まとめ

いいサウナづくりは、いい人づくり。いつの時代も人は人に感動をする。

		メリット	デメリット
6	共用? 個室?	共用→大勢で楽しめる 個室→プライバシー確保ができる	共用→他者との距離感に気を遣う必要あり 個室→コストがかさむ
7	静寂? 音楽あり?	静寂→内省に集中できる 音楽あり→リラックスや演出が可能	アップテンポからヒーリングまで音楽の種類によって好みが分かれる
8	予約制? 自由利用?	予約制→混雑を回避できる 時間が決まって予定が立てやすい安心感 自由利用→気軽に体験可能	予約制→利用者の急な予定変更に対応しづらい 自由利用→混雑しやすい
9	水風呂あり?　なし?	あり→交代浴で血流促進 なし→初心者でも挑戦しやすい	水風呂は初心者にはハードルが高い可能性がある（水シャワーでもOK）
10	伝統的? モダン?	伝統的→地域文化を体感できる モダン→新しい層にリーチ可能	伝統的→固定観念が強まる モダン→個性が埋没することも

どちらが正しいかではなく、特徴を捉えプランに活かすことが大事

よくある「どっち派？」テーマ

		メリット	デメリット
1	黙浴？おしゃべりOK？	黙浴→静かな環境で内省できて集中しやすい おしゃべりOK→コミュニケーションが活発化。交流や出会いの起点に	利用者の好みが分かれやすく、食い違う場合はトラブルのもとになる
2	サウナとの相性は夏がいい？冬がいい？	夏→水風呂が楽しみに。発汗や爽快感を楽しむのに向いており、初心者や暑さを楽しめる人にオススメ 冬→外気浴が楽しみに。温まりたい人や「ととのい」体験を重視する人に最適	サウナ体験の最後は水シャワーを浴びることをオススメします。夏に火照ったまま退館した際、汗がとまらなくなったことがありました（笑）
3	男女混浴？分離？	混浴→家族やカップルで一緒に楽しめる 分離→プライバシー確保ができる	混浴→性別による気兼ねや不快感が生じることも
4	自然派？人工派？	自然派→地域資源を活かせる 人工派→自由なデザインが可能	自然派→設備維持が難しい場合がある 人工派→特別感が薄れることも
5	香り付き？無香？	香り付き→アロマ効果でリラックス 無香→匂いに敏感な人でも安心	香りの好みは個人差が大きい（好きな香りを選択できる施設も）

EPISODE 4

サウナ×〇〇の組み合わせは無限大！

近年、多様化するサウナ施設の特徴の一つに、**「サウナ×〇〇」という全く異なるモノやコトとのかけ算**が挙げられます。

なぜならサウナに入ることによって自らの五感が研ぎ澄まされ、**サウナ後のモノやコトの体験価値の効果が増幅するから**です。たし算ではなくかけ算で、オーナーの個性を出す独自性にもつながります。

また日本人は「**文化の編集能力が非常に高くクリエイティブ**」だと感じています。

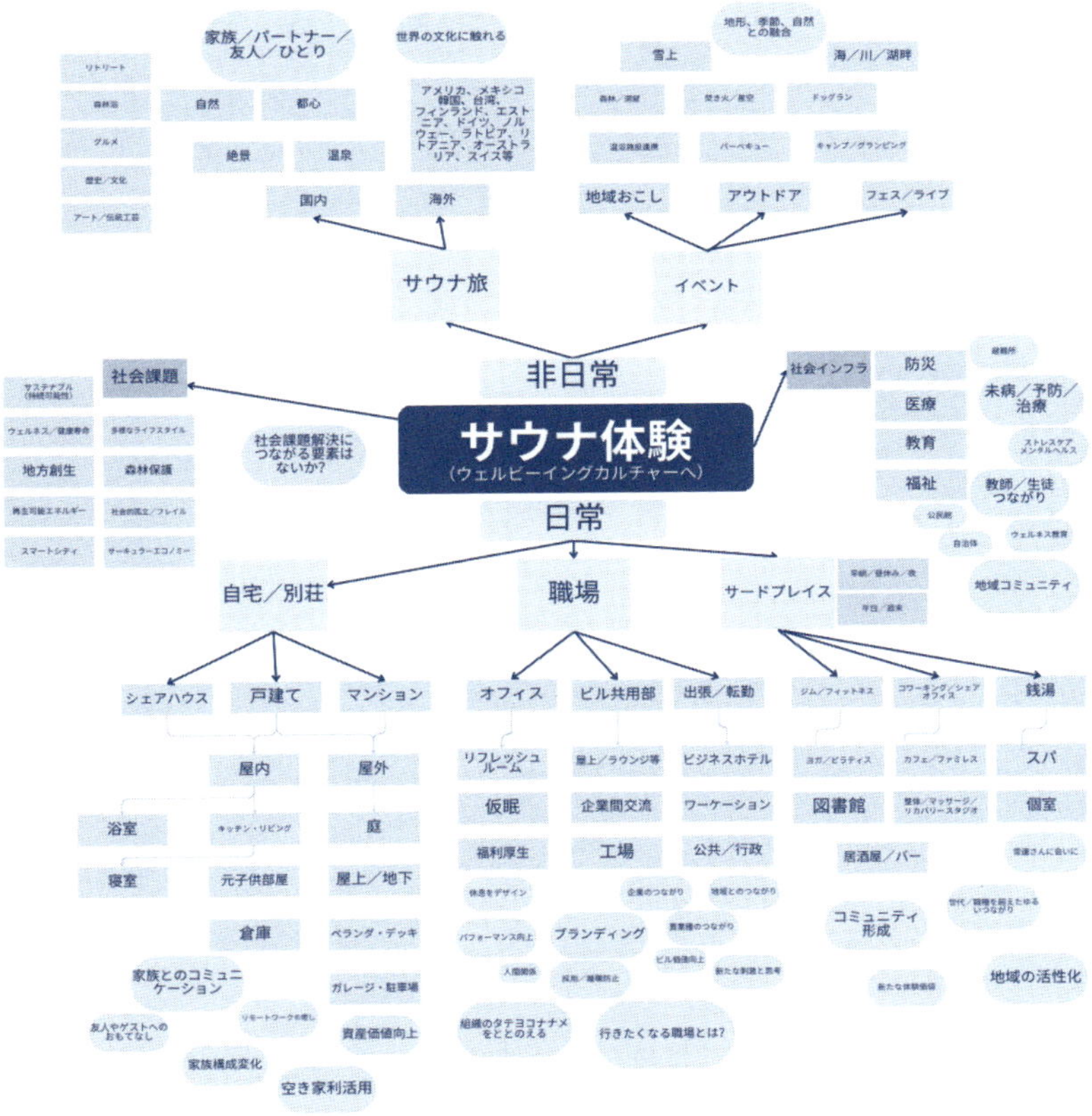

多様性から生まれる化学反応、サウナの編集力も可能性を感じます。
ご参考に、私が思考に使うサウナのアイディアシートはこちらです。

例えば家庭の味からご当地まで広がりを見せるカレーに始まりラーメン、あるいは音楽のように。**異文化を取り入れて編集し、新たなものを生み出し定着させる力を持っています。**

ここからは「面白そう」「こんなかけ算もできるの⁉」という意外な事例も含め、アイディア盛りだくさんでお届けします。全くゼロからサウナ関連の仕事を始める前に、まず「いまあるアセットとかけ合わせられないかを考えてみる」。そんな発想を持つのもいいかもしれません。

身近なモノが、新たなサウナの魅力を生むかも？

サウナ×飲食店

サウナでたっぷり汗をかいた後に食べるご飯は、格別に美味しい。そのため、「東京・上野の『サウナ&カプセルホテル北欧』の北欧特製カレーライスを食べたいから、サウナに行く」といったように、私もですが食べ物を目的にサウナに行く方もいるほどです。

なので「サウナ施設が飲食をつくる」のではなく、「**飲食店がサウナをつくる**」という逆転の発想によるアプローチが、全国各地で発生しています。

例えば東京にある「**恵比寿サウナー**」は、こだわりの信濃蕎麦や日本酒をいただける居酒屋。同店舗の2階には一人でもグループでも楽しめる個室サウナがあります。

キャッチコピーは「**ととのって1分で乾杯できる居酒屋**」。まさにサウナから出て階段を下りれば、すぐさま居酒屋で美味しいお食事やお酒をいただける仕組みです。

ほかにも最近話題なのが、神奈川県小田原市の「**山賊サウナ**」。この施設オーナーは、なんと**焼肉屋さん**。サウナ愛好歴30年以上のオーナーさんが、「どうしてもサウナをつくりたい」と、お座敷だった場所をサウナにしてしまいました。

サウナをとことん楽しんだ後に待っているのが、**鮮度・品質ともに抜群な極上のホルモン焼肉**。もとより焼肉はとても美味しいのですが、ここに「たっぷり汗をかいたサウナ後」という状況が加わると、**同じモノであっても体験価値が劇的に向上**するのです。

そして京都の「**ぎょうざ湯**」。「夷川餃子なかじま」と書かれたお店の暖簾をくぐると、中華鍋をふるう料理人がお出迎えしてくれる**コテコテの町中華屋さん。私の好みド真ん中です**。

ですがお店の奥の通路を進み、扉を開けると……雰囲気一変、そこにはサウナ室、水風呂、さらには休憩処が広がります。

サウナ室のサウナストーンは、まさかのかわいい餃子型。さらに壁にあるボタンを押すと、厨房に電話がつながり、ドリンクの注文が可能です。外気浴で休憩をしながら、キンキンに冷えた飲み物をグイっといただいちゃってください。さっぱりした後は活気のある店内でビールと餃子をぜひ。

このようにそれぞれのお店でしか味わえない体験価値を持つ「飲食店×サウナ」ですが、共通点は**オーナーさん自身が、とにかくサウナ好き**だということ。

そこに「いまある飲食の価値を最大化させたい」という着想が合わさると、細やかなディテールやエンタメ性が発揮されるのです。

サウナ×オフィス

「オフィスの中にサウナ」。3章で「タマディック」「小林クリエイト」の事例を紹介させていただきましたが、社員の健康のためだけでなく、**社員同士のコミュニケーション活性化やクリエイティビティの刺激**のために、サウナを活用している企業がほかにもあります。

例えば東京の「株式会社ジンズホールディングス」(以下、JINS)にある「ARNE SAUNA」(アーネサウナ)は**従業員専用のサウナ**です。一般開放はされていないため、社員同士でサウナに入りながら気兼ねなく会話ができます。

「アー=あーね」は、「そうなんだ! そうだね! なるほど!」といった理解・共感・納得などの意味を持つ、JINS創業の地・群馬県の方言で、万能なあいづちを指す言葉だそうです。

サウナ室は2つ。自分を解放してゆっくりとくつろげる「ソロサウナ」と、従業員同士の偶発的なコミュニケーションを誘発する「グループサウナ」。「グループサウナ」では、サウナで生まれたアイディアを書き留められるようにと、**外気浴スペースにホワイトボードを設置**。新しいサウナの活用に取り組んでいます。また、15：30～18：00の時間帯で利用するサウナは、なんと業務時間とみなされるそうです。そしてサウナストーブの上には、伝統工芸である石州瓦で造られたオリジナルの「**メガネ型サウナストーン**」が！

こうした遊び心を散りばめて、JINSが大切にしている「創造性」を表現しているそうです。

©photo Takumi Ota

ちなみにＪＩＮＳでは社屋へのサウナの導入だけでなく、日常でもサウナでも使えるメガネ「JINS SAUNA」を、水陸両用ならぬ「サ陸両用メガネ」として販売。今後も「ARNE SAUNA」でのコミュニケーションから面白い商品やサービスが生まれるかもしれませんね。

また、私は「**サウナ×オフィスビル**」のプロジェクトにも関わっていますが、今後のトレンドの一つになるのではと期待しています。

例えばいま携わっている**福岡県の某新築オフィスビルの共用部**。多数のテナントが入るビルの屋上にサウナを設置予定です。ウェルビーイングをテーマに入居テナントのワーカーが特別に利用できる形態です。ワーカーの心身の休息やビルそのものの付加価値を上げようとしています。

最も重要な狙いは、**企業間での交流**。

同じビルにオフィスを構えているのに、テナントの企業同士がなかなかつながりを持てないという課題をサウナで解決するべく、会社を超えたコミュニケーションを促すサウナ体験を目指しています。

ちなみにサウナの本場・フィンランドでは、**オフィスにサウナがあるのはよくある風景**。私も複数の企業を視察してきましたが、会社のテラスで風を浴びながら、目標達成の記念に仲間たちとのサウナを楽しみ、バーベキューやコーヒーで交流を図る……。心から通いたくなるいいオフィスでした。

そんな光景が日本でもスタンダードになる、**1オフィス・1サウナの時代**がいずれやってくるかもしれませんね。

サウナ×自宅・別荘

サウナプロデュースのご相談で最も多いもの。それは、**自宅や別荘にサウ**

ナをつくりたい、というご要望です。

別荘は避暑地に多く、天然の川が近くにあったり、庭先に緑が広がっていたりと、自然豊かな場所に構えます。そこに自然が持つ魅力を活かしたサウナをつくれば、**いまある別荘の体験価値もグッと上がるのです。**

実際に軽井沢の別荘の運営会社さんから聞いた話では、いまやサウナ室や水風呂といった**サウナ関連の清掃やメンテナンス依頼が増え**、その数はなんと**年間100件**を超えるそうです。寒い冬でも薪ストーブのサウナとともに火を眺めながら心温まる豊かな暮らしが広がっています。

また「自宅にサウナが欲しい」という方は、**自分や家族のために、おうち時間の質をさらに上げたい**という想いが高まっているようです。

この背景には、リモートワークによって自宅で過ごす時間が増えたことや、小さなお子さんがいて外出の機会が少ない、あるいは昼夜逆転のシフトワーカーでサウナに行きたいのに行けない、といったお悩みがあります。

自宅にサウナがあれば、生活のリズムを適度に整え、デジタルデトックスとともに**家族全員をいつでも癒す**ことができる。さらに、家族でサウナに入れば一家団欒の機会にもなります。

設計もご家族の身体サイズやお好み、香り、色味などこだわりがあふれ、打ち合わせしている最中から完成をとても楽しみにされています。

別荘サウナや自宅サウナのさらなるメリット。それは友人に喜んでもらえる「**魅力的なおもてなし**」にもなることです。

まず、「ウチにこだわりのサウナがあるから、よかったら遊びにおいでよ」と相手を誘う一つのきっかけが生まれます。

遊びに来てくれたお客様だけにサウナに入ってもらうもよし、水着で一緒に入って気兼ねなく談話を楽しむもよしです。

また、サウナの後にいただくお食事は格別に美味しいので、みんなでいただくご飯やお酒も、いつも以上に楽しんでもらえることでしょう。最近では高級な車や自分の趣味嗜好にお金をかけるよりも、**自宅のサウナにガッツリお金をかけて、親族や仲間にも楽しさを提供し、「共通の思い出をつくりたい」**という方もいるくらいです。

いまや、一軒家の新築においてサウナ付きの住宅展示場の登場や、リフォームでの導入、マンションの共用部で使える住人専用のサウナ、シェアハウスや企業寮でのサウナなど、「**サウナのある暮らし**」のニーズや事例は急速に広がっています。

新しい暮らしやおもてなしの形として、今後スタンダードになっていく兆しを感じていて非常に楽しみです（計画の際には専門家とともに関係法令や安全衛生面など配慮の上ご検討ください）。

近年増加中の新ジャンルサウナ

マイホームサウナ	自宅に設置された個人用のサウナ。リモートワークによる健康促進から導入が進む。
別荘サウナ	別荘地に設置された個人用のサウナ。自然に寄り添い、長期滞在や友人を招いたパーティーにも。
個室サウナ	プライバシーが確保された空間で、自由な温度や湿度設定が可能。 他人を気にせず自分のペースで利用可能。
会員制サウナ	会員限定で利用できる高級感あるサウナ施設。バーやラウンジを併設していることも。
テーマパーク型サウナ	サウナをテーマにした大型施設。アミューズメント性が高い。カップルや家族での休日の目的地に。
地域密着型の村サウナ	地方自治体や地域の住民によって運営されるコミュニティ型。地域交流や町おこしに活用。
水辺サウナ(リバーサウナ、レイクサウナ)	川や湖のほとりで自然と一体化して楽しめるサウナ。カヌーやラフティングとの融合も。

モバイルサウナ	移動可能な車両型サウナ。イベントや貸切利用に適している。軽トラックから大型トレーラーまで。
デザイン特化型サウナ	建築家やアーティストが設計したデザイン性の高い施設。特別な空間で非日常を生み出す。
医療・リハビリ型サウナ	健康増進やリハビリ目的で設置されたサウナ。森林浴や未病予防の観点で導入するケースも。
共同住宅サウナ（マンション内サウナ）	高級マンションや住宅内に設置されるプライベートサウナ。運営は施設に任せ住民同士の社交場に。
アート＆カルチャーサウナ	サウナとアートや音楽イベントを融合させた施設。サウナと文化の融合は相性がよい。
オフィス内サウナ	社員限定で利用できるプライベートな空間で、生産性向上やコミュニケーション促進に特化。
オフィスビルサウナ	共有型で他企業との交流や本格的な設備が楽しめる場として利用される。

サウナ×コンディショニング

「最近頭がズーンと重い……」「眠りが浅く常にダルい……」こうした不調を感じたことはありませんか？　私がこれから最も活況になるのではと感じているサウナのかけ算が、「**コンディショニング**」です。

もともとスポーツ業界で使われてきた「コンディショニング」という言葉。アスリートが最高のパフォーマンスを発揮するために調子をととのえることを意味します。この考え方が、いまでは働く人々にとっても重要なテーマとなりつつあります。

運動・食事・睡眠を見直し、心身をベストな状態に保つこと。それが、限られた人生の時間の中で「ありたい自分」を実現するために欠かせない土台となるのです。

近年コロナ禍を機に在宅勤務やハイブリッドワークが普及。便利で効率的な一方で、運動不足や生活リズムの乱れが新たな課題として浮上しています。私自身、在宅勤務の日は1日の歩数がたった200歩の日もありました。

そんな中、健康維持のために自己投資として始めたのがホットヨガやパーソナルジム。**仕組みを理解し身体を動かすことで集中力や活力が生まれ、日々のパフォーマンス向上を実感**しています。自分の身体は貴重な財産。

また、健康を意識すると、自然と美容面での「コンディショニング」にも目が向きます。毎日を清潔で快適に過ごすために、マッサージや整体で内面と外面の両方から自分をととのえることで、心身の調和がさらに深まります。

こうした活動をサポートしてくれる最適な場が、サウナです。

サウナでは身体をリセットするだけでなく、**静かに自分と向き合う時間を持つ**ことができます。心身をメンテナンスしながら、事業や人生の方向性を見定めるひらめきを得ることも。さらに、サウナ後にヘッドスパやマッサージを組み合わせると、リラクゼーション効果が格段に高まります。最近では「コンディショニング特化型サウナ」が増えており、瞑想や整体、ジムが併設された施設では、心身の健康を包括的にサポートしてくれます。こうした施設は、これからの時代に重宝されると考えます。

日本人は「働く」ことが得意ですが、「休む」ことが苦手です。だからこそ、サウナを活用し、健康と美容の両面をととのえるルーティーンを取り入れることが大切です。ストレスや環境の変化にも揺るがない自分をつくる。その結果、毎日を健やかに、充実した気持ちで過ごせるようになります。

さらに、ぐっすり眠ることに特化したサウナ施設も。東京都青梅市に2025年1月にオープンしたサウナ付き一棟貸切古民家宿「**JIKON SAUNA -TOKYO-**」は、睡眠に特化したサービスを展開する人気施設。

サウナの中でも身体を芯から温める「**アースバッグサウナ**」を体験できるほか、寝具は全身の放熱を促すことで睡眠の質を上げる「ブレインスリープ」社のものを採用。

さらに寝落ちを促す花王のアイマスク「めぐりズム」の提供や、希望者は「ヘッドスパ」のサービスも受けられるという、まさに「**いい睡眠**」を促す仕組みが目白押し。

このテーマは、一人ひとりの人材の可能性を広げることにつながるため、ウェルビーイングな社会を目指す上で、今後もいろいろなソリューションが生まれてくる予感がしています。ご自身のベストなコンディションを見つけるべく、ぜひ、サウナで実験をしていきましょう！

新ビジネスの可能性　サウナ×〇〇一覧

まだまだ「サウナ×〇〇」の可能性は無限大。

次のページに様々なサウナ×〇〇を挙げてみました。

これからサウナをつくりたい人や地域を盛り上げたい人にとって、全国各地のユニークな事例から、新しい発見やひらめきにつながったら幸いです。

まとめ

サウナは食・人・地域の魅力を引き出すソリューション。身近なモノとのかけ算を模索してみよう。

サウナ ×美容室	美容室の待ち時間にサウナ。お客さん同士の社交場に。髪やお肌の調子をととのえトリートメントにも最適。
サウナ ×お寿司	日本食の代表格としてのお寿司との融合。サウナ後の寿司の繊細な味わいに奥深さを感じる。併設だけでなく、貸切サウナに出前寿司という可能性あり。
サウナ ×ショッピング	お買い物の合間に。子供の買い物を待つ間に親が休める時間として。サウナエリアに施設の広告や案内があると買い物も楽しくなります。
サウナ ×スポーツ	選手のコンディショニングはもちろんファンの交流の場に。フィンランドのサッカー選手・田中亜土夢《アトム》さんの所属するスタジアムには、選手、観客用だけでなく、なんとレフェリー用のサウナまで。
サウナ ×サステナブル	温泉旅館の地熱や再生可能エネルギーを利用したエコサウナを設置し、自然と調和した体験を提供。熱源のデザインで可能性は広がります。
サウナ ×循環資源	宮城県女川町の離島にある「JUURI SAUNA」。女川の自然すべてが循環し、森にも海にもよい影響が与えられる場所で、最高の体験ができます。

サウナ×○○一覧

サウナ×音楽ライブ	アーティストのライブ前後のコンディショニングやスタッフさんのコミュニケーションの場として。ライブハウスの中にサウナがあるところも。
サウナ×アート・映画	多忙な日常での余裕のない状態ではなく、サウナの後に訪れたフラットな心で体験すると、作品の見方も変わり、新たな発見がありました。
サウナ×工場	工場勤務の方のリフレッシュに。サウナは工場の排熱利用やリサイクルをテーマにしても独自性が出ますね。工場見学との融合も注目されます。
サウナ×駅や空港	電車の待ち時間をデザインしリラックス空間に。電車好きがサウナで情熱を語り合うのもよいですね。フィンランドには空港にもサウナがあります。
サウナ×図書館	サウナ後に心穏やかに読書を楽しむ、書籍と向き合う新しい形。
サウナ×学校・学生寮	授業の合間や部活動のリカバリーに。先生を癒す環境としても最適。学生・保護者・教員の社交場になるかもしれない。

EPISODE 5

世界がサウナでつながっていく

海外にはより豊かなサウナ体験が

新しい発見や人々との出会い、ご縁の連続が旅の醍醐味。各地域に根ざしたサウナ文化は驚くほど多様で、その土地ごとの特色に触れるたび、視野が広がるのを感じます。日本のサウナ文化はフィンランドから伝わりましたが、その起源は数千年前にさかのぼります。

サウナは世界それぞれの地域の風土や文化に根ざして発展しています。

例えば、フィンランドの伝統的なスモークサウナ（「**サヴサウナ**」）は、薪で熱した石でゆっくりと身体を温めるスタイル。一方、ロシアの「**バーニャ**」は、白樺やオークの枝を使いながら発汗を促す、活気ある体験が特徴的です。

古代ローマの公衆浴場（「**テルマエ**」）は、温水浴・冷水浴・蒸気浴が整備された社交場として機能していました。

トルコの「**ハマム**」には、美しいモザイクの空間で石板に横たわり、洗浄とリラクゼーションを同時に楽しむ独特の文化があります。

アジアにも個性的なサウナ文化があります。韓国の「**チムジルバン**」は、複数の温度のサウナや岩盤浴が一堂に集まり、家族や友人と過ごす場所として親しまれています。

タイの「**ハーバルスチームサウナ**」は、ハーブの香りに包まれた蒸気の中で、デトックスとリラクゼーションを楽しむ体験を提供しています。

北欧諸国や中東、中南米、アフリカの一部地域でも、地域ごとの伝統や気候に合わせたサウナ文化が存在します。中南米では、メキシコの「**テマスカル**」が有名です。先住民の伝統に根ざした蒸し風呂で、心身の浄化を目的とした儀式的な要素も持っています。

私は世界のサウナを通してこれらの文化に触れ、熱と蒸気を通じたリラクゼーションが、**国境や時代を超えた普遍的な魅力**であることを実感しました。

カルチャーが融合 ノルウェーの「SALT」

ノルウェーの「ムンク美術館」に訪問した際に見つけたサウナをご紹介します。首都オスロにあるエンターテインメント施設「SALT」は、サウナ、音楽、アート、食が融合した独特の空間です。施設の中心には、約200人を収容できるピラミッド型の大型サウナがあり、内部では音楽が大音量で流れ、クラブのような雰囲気を楽しめます。

ここは、静けさを重んじる日本やフィンランドのサウナ文化とは異なる、**自由で開放的なオスロのサウナ文化を象徴**しています。

「SALT」の建築デザインは、ノルウェーの伝統的な魚干し場を模しており、敷地内には複

数のピラミッド型建築が並びます。６つのサウナとステージを備え、ＤＪイベントやライブが行われるほか、ストリートフードも楽しめる多機能施設です。「SALT」は、伝統的なサウナ文化に新しいエンターテインメント性が加わった施設。オスロを訪れる際には、ぜひ体験してみるべきスポットでしょう。日本にも、多様な文化がまざったサウナ施設をいつかつくりたいと思っています。

フィンランドは幸福を感じる基準がシンプル

夜遅くフィンランドに到着した私は、ホテルに直行するには少し物足りない気がして、公共サウナへと足を運ぶことにしました。サウナ室の中は静かで、熱気が心地よく体を包み込みます。私が一人静かに座り、熱と汗に身を委ねていると、斜め向こうに一人の男性が座っているのが見えました。

その男性と私は言葉を交わすこともなく、ただそれぞれの時間と空間を楽しんでいました。サウナ室内は静寂に包まれていましたが、そこには**どこか心地よい一体感**がありました。それは、自律的で互いを尊重し、干渉しすぎないフィンランドならではの文化がつくり出す空気だったのかもしれません。

しばらくして、その男性がサウナを後にするとき、ふいに私に向かって穏やかな笑顔で、「**おやすみなさい**」と日本語で声をかけてくれました。その一言に驚くと同時に、胸がじんわりと温かくなるのを感じました。

直接的な交流はほとんどなかったのに、短い言葉だけで心がつながったような不思議な感覚でした。

名前も知らない、そしてもう二度と会うことはないかもしれない相手との小さな出来事でしたが、その温かな瞬間は心に深く刻まれました。

フィンランドのサウナ文化は、リラクゼーションの場だけではなく、**人と人との一期一会を生む特別な空間**でもあるのだと実感しました。

なぜこのような温かさがフィンランドのサウナで生まれるのか。フィンランド大使館商務部のラウラ・コピロウさんに尋ねてみました。

「フィンランド人は、**幸福を感じる基準がとてもシンプル**です。例えば、太陽が出ているだけで幸せを感じます。天気がよく、ご飯があって、サウナがあり、好きな人に囲まれている。それだけで十分なんです。そして、1回の大きな幸せよりも、**毎日の小さな幸せの積み重ねを大切にする考え方**が根付いています」

この考え方が、フィンランドのサウナ文化に自然と表れているのでしょう。シンプルでありながら深い満足感を得られるその空間は、訪れる旅人にも伝わります。

海外旅行の際は、ぜひサウナを訪れてみてください。利用者やスタッフの方々と交流しながら、その土地ならではの体験を通じて感性を磨き、自分だけの特別な思い出をつくるのはいかがでしょうか。

また、**日本のサウナも独自性の高い文化や特徴を持っています**。これらを海外に発信し、日本らしいサウナが世界で広く受け入れられる日を近い未来に実現したい。そんなささやかな野望も持っています。

まとめ

サウナは国や文化の違いを超えて、温かい交流を生む。

あとがき

サウナにいたら、ある方がこんなふうに声をかけてくださいました。

「仕事で悩んでいたある日、ふとカワちゃんのSNSを目にしました。その言葉に後押しされて、**人生で初めてサウナに来てみたところ、人生が変わったのです！** 悩みだった不眠が改善し、常連さんの友達もできて毎日の楽しみが増えました。そして、会社では『なんだか雰囲気が明るくなったね』と声をかけてもらうようになり、よいことが次々に続いています。いつか直接お礼を伝えたいと思っていたところ、サウナで会えました！　握手してください!!」

初めて出会ったその方は、とても人生を楽しんでいるように見えました。

このときから、**自身の「好き」がだれかの力になれるのなら、自分の想いを発信したい**と感じるようになりました。

それが今回、ＫＡＤＯＫＡＷＡ様とのご縁を通じて本という形で実現したことに、驚きと感謝の気持ちでいっぱいです。

本書をきっかけに、日本中にオーナーの想いが詰まった個性豊かなサウナ体験が増えること、そして「好き」を通じて自分らしくごきげんに生きる人が増えることを願っています。

また私もこの書籍がきっかけで、新たなサウナ友達が増えることを楽しみにしています。**もしどこかのサウナで私を見かけたら、ぜひ声をかけてください！**あなたらしいサウナライフについても教えていただけると嬉しいです。

そしてこの本を読んで、新しい気づきや心がほっこりする瞬間があれば、大切な人への贈り物として使っていただき、**コミュニケーションのきっかけになれば、これ以上嬉しいことはありません。**

最後に、私のような会社員が1年にわたり執筆の大役を担えたのは、ライターの川邊実穂さん、編集者の武田惣人さん、イラストを手がけてくださったタナカカツキ先生、そして、多くのサウナ施設やサウナ友達の皆さんの支えがあってのことです。心から感謝申し上げます。

あなたがごきげんになり、笑顔があふれ、世界中がサウナと笑顔でととのいますように。またサウナで会いましょう！

2025年3月

川田直樹（カワちゃん）

特典 マイサウナガイドシート

あなたのお気に入りのサウナをシーン別にリスト化し、いざというときに活用できるシートです。書き方は P.77 を参考にしてください。

活用方法

- P.75 の質問を活用して、その日の気分にぴったりのサウナのタイプを探す
- このシートに実際に訪れたサウナを記録し、いつでも見返せるようにする
- 他のサウナ好きと共有し合う（友人や SNS でシートを見せ合って、新しいサウナを発掘！）

同じ施設が重なることや、季節や年によって内容が変わってもよいです。
正解はないので、あなたがなぜよいと思うのか、あなたのオススメをぜひシェアしてコミュニケーションしてみてください。居酒屋でこの話は盛り上がりますよ（笑）。

ぜひ、自分だけの最高のサウナリストをつくってみてください！

PDFデータを下記からダウンロードできます。
ぜひ定期的に更新ください。

QRコードが読み取れない方は
下記のリンクより検索ください。
https://kdq.jp/y8jb9

マイサウナガイドシート

	シーン	施設名やオススメポイント
1	1人でゆったり過ごしたいとき	
2	友人や仲間と交流したいとき	
3	恋人やパートナーと過ごすとき	
4	疲れをしっかり癒したいとき	
5	はじめまして同士のビジネス交流会	
6	仕事帰りにさくっと入りたいとき	
7	サウナ旅で行ってよかったエリア	

オススメのサウナメディア

■サイト・団体

サウナイキタイ

日本最大のサウナ施設検索サイト。口コミやととのいレポートが豊富です。

SAUNA TIME

サウナ専門のレビューサイト。ユニークなイベントや記事が楽しめます。

サウナコレクション【サウコレ!】

日本中のユニークなサウナ写真を集めたInstagramアカウント。ビジュアルで楽しむサウナの魅力満載。

日本サウナ・スパ協会

サウナ業界の公式団体。サウナの安全性や認定施設の情報が充実。

■書籍

タナカカツキ『マンガ　サ道　～マンガで読むサウナ道～』(講談社)

サウナ愛をテーマにした人気漫画で、サウナ初心者から上級者まで楽しめる作品。サウナ文化や魅力をコミカルかつ深く掘り下げています。

加藤容崇『医者が教えるサウナの教科書　ビジネスエリートはなぜ脳と体をサウナでととのえるのか?』(ダイヤモンド社)

医師の視点からサウナの効能を科学的に解説。サウナが心身に与えるポジティブな影響を学べる実践的な一冊。

本田直之、松尾大『人生を変えるサウナ術 なぜ、一流の経営者はサウナに行くのか?』(KADOKAWA)

一流の経営者やビジネスパーソンがサウナを生活に取り入れる理由を解説。効率的なサウナ活用法がわかる一冊。

川邊実穂『絶景サウナ旅』(三笠書房)

絶景のロケーションで楽しむサウナ体験を紹介。写真とともに、各地のサウナの魅力を伝えるフォトエッセイ。

OOE VALLEY STAY〈オオエバレーステイ〉（鳥取県八頭町）
サウナと天然温泉 湯らっくす（熊本県熊本市）
吹上温泉保養センター 白銀荘（北海道上富良野町）

Chapter4
The Hive（富山県立山町）
くらすサウナつるぎ（富山県滑川市）
あかざる（東京都新宿区）
The Sauna（長野県信濃町）
ぬかとゆげ（京都府京丹後市）
蒸 -五箇サウナ-（京都府京丹後市）
SAUNA Otaru arch（北海道小樽市）
HARE-TABI SAUNA&INN YOKOHAMA（神奈川県横浜市）
SAUNA グリンピア（高知県高知市）
サウナ＆カプセルホテル 北欧（東京都台東区）
恵比寿サウナー（東京都渋谷区）
山賊サウナ（神奈川県小田原市）
ぎょうざ湯（京都府京都市）
JIKON SAUNA -TOKYO-（東京都青梅市）
JUURI SAUNA（ユーリサウナ）（宮城県女川町）
SALT（ノルウェー）

● 本書に登場するサウナ施設

Chapter1

生姜サウナ「金の亀」（東京都港区）
スゴイサウナ赤坂店（東京都港区）
サウナ東京（Sauna Tokyo）（東京都港区）
サウナ・リゾートオリエンタル赤坂（東京都港区）
SPA:BLIC 赤坂湯屋（東京都港区）
Spa LaQua（スパ ラクーア）（東京都文京区）
スカイスパYOKOHAMA（神奈川県横浜市）
テルマー湯（東京都新宿店など）
おふろの王様（東京都大井町店など）
竜泉寺の湯（埼玉県草加谷塚店など）
なにわ健康ランド 湯～トピア（大阪府東大阪市）
奈良健康ランド（奈良県天理市）
神戸サウナ＆スパ（兵庫県神戸市）
サウナ＆カプセル アムザ（大阪府大阪市）
湯乃泉 草加健康センター（埼玉県草加市）
光明泉（東京都目黒区）
東京荻窪天然温泉 なごみの湯（東京都杉並区）

Chapter2

ととけん日本橋浜町（東京都中央区）
Löyly（ロウリュ）（フィンランド）
Kotiharjun Sauna（コティハルユサウナ）（フィンランド）
Sompasauna（ソンパサウナ）（フィンランド）
Rajaportin Sauna（ラヤポルティサウナ）（フィンランド）

Chapter3

ゆかいだ温泉 つれづれの湯（鹿児島県日置市）
ニューニシノサウナ＆天然温泉（鹿児島県鹿児島市）
プライベートサウナ moimoi（モイモイ）（鹿児島県鹿児島市）
サウナヘヴン草加（埼玉県草加市）
8HOTEL CHIGASAKI（神奈川県茅ヶ崎市）
RESET LABORATORY（リセラボ）（東京都世田谷区など）
一向平キャンプ場 Nature Sauna（鳥取県琴浦町）

スパ&カプセル ニューウィング（墨田区）
天然温泉 楽天地スパ（墨田区）
TOTOPA 都立明治公園店（新宿区）
すえひろ湯（品川区）
金春湯（品川区）
サウナ＆ホテル かるまる池袋（豊島区）
91°SAUNA（中央区）
オールドルーキーサウナ（渋谷、六本木、新宿、銀座）
Satologue（さとローグ）（奥多摩町）
カプセル＆サウナ ロスコ（北区）
サウナスナック「かなこ」（品川区）
sauna&bath NiHITARU（江東区）
サウナセンター（鶯谷、稲荷町、新大久保）
グッドサウナ調布国領 by goodroom（調布市）
サウナ＆カプセル ミナミ（学芸大、六本木、下北沢、立川）
ジェクサー・フィットネス&スパ24 新宿（渋谷区）

神奈川県
サウナゆげ蔵（横浜市）
SPA EAS（横浜市）
綱島源泉湯けむりの庄（綱島、宮前平、すすき野、仙川）
福美湯（横浜市）
旭湯（横浜市）
いやさか湯（横浜市）
RAKU SPA（鶴見ほか多数）
ファンタジーサウナ＆スパおふろの国（横浜市）
横浜天然温泉 ヨコヤマ・ユーランド鶴見 スパ（横浜市）
横浜みなとみらい 万葉倶楽部（横浜市）
港北の湯（横浜市）
朝日湯源泉 ゆいる（川崎市）
橘湯（川崎市）
今井湯（川崎市）
サウナ梶ヶ谷プラザ（川崎市）
saunahouse（サウナハウス）（川崎市）
川崎ビッグ（川崎市）
ひとりサウナ ロウリューランド 川崎（川崎市）
ONEPERSON登戸（川崎市）
THERMAL SPA S.WAVE（大磯町）
KAMAKURA HOTEL（鎌倉市）
Private Sauna&Spa VAGUE（鎌倉市）
箱根湯寮（箱根町）
足柄のテントサウナ（南足柄市）
8 HOTEL SHONAN FUJISAWA

カワちゃんのオススメサウナ施設

本書で紹介した施設に加えて、私がここ数年で実際に訪問した施設を中心に一部ですが好きな施設をご紹介します。仕事の前後やサウナ部活動、出張やサウナ旅に活用しやすい様にエリア別に掲載します。詳細は、各公式サイトやSNSをご覧ください。(敬称略。順不同)

■関東地方

東京都

MONSTER WORK & SAUNA(武蔵野市)
ROOFTOP(ルーフトップ)(杉並区)
FLOBA(三鷹市)
永山健康ランド 竹取の湯(多摩市)
PARADISE(パラダイス)(港区)
桜館(大田区)
蒲田温泉(大田区)
新生湯(品川区)
ドシー(五反田、恵比寿)
渋谷SAUNAS(サウナス)(渋谷区)
サ会(渋谷区)
サウナ道場(渋谷区)
渋谷文化進化 サウナ&宿泊(渋谷区)
プライベートサウナ 大橋会館(目黒区)
文化浴泉(目黒区)
SAUNALAND ASAKUSA - サウナランド浅草 - (台東区)
Smart Stay SHIZUKU(台東区)
HUBHUB(御徒町、下北沢、新百合ヶ丘)
スゴイサウナ(赤坂、東麻布)
SAUNA OOO(中央区ほか、大阪、福岡)
RESET LABORATORY(リセラボ)(世田谷区)
由縁別邸 代田(世田谷区)
泊まれるサウナ屋さん 品川サウナ(品川区)
泉天空の湯 有明ガーデン(江東区、羽田空港)
COCOFURO かが浴場(北区)/ますの湯(大田区)/たかの湯(大田区)
サウナXX(品川区ほか)
トリートメントサウナSteaMs.スティーミズ(港区)
タイムズ スパ・レスタ(豊島区)
ガーデンサウナ蒲田(大田区)
黄金湯(墨田区)

戸市）
常総ONSEN＆SAUNA お湯むすび（常総市）
KOAMIGAME（コアミガメ）（高荻市）
SAUNA NAYA（古河市）
阿字ヶ浦 温泉のぞみ（ひたちなか市）
KASHIMA FANZONE "No.12"（鹿嶋市）

■北海道・東北地方

北海道

OMO7旭川 by 星野リゾート（旭川市）
ニュー銀座サウナ（旭川市）
岬の湯 しゃこたん（積丹町）
エスコンフィールドHOKKAIDO（北広島市）
ニコーリフレSAPPORO（札幌市）
シャトレーゼガトーキングダムSAPPORO（札幌市）
メープルロッジ（THE MAPLE LODGE）（岩見沢市）
森のスパリゾート　北海道ホテル（帯広市）
洞爺湖万世閣ホテル レイクサイドテラス（洞爺湖町）
祝いの宿 登別グランドホテル（登別市）

青森県

十和田サウナ（十和田市）
壽浴場（八戸市）
あおもり健康ランド（青森市）
天然温泉 淡雪の湯 ドーミーイン青森（青森市）

岩手県

星降る山荘 七時雨山荘（八幡平市）
八幡平マウンテンホテル（八幡平市）
新安比温泉 静流閣（八幡平市）
古戦場（一関市）
ゆっこ盛岡（盛岡市）
KANAN SPA（カナン スパ）（盛岡市）

宮城県

サウナ＆カプセル キュア国分町（仙台市）
スパメッツァ仙台 竜泉寺の湯（仙台市）
汗蒸幕の湯（仙台市）
愛子天空の湯 そよぎの杜（仙台市）
駅前人工温泉 とぽす 仙台駅西口（仙台市）
アクアイグニス仙台（仙台市）
ドーミーインEXPRESS仙台シーサイド（仙台市）
MARUMORI-SAUNA（丸森町）
つなかんサウナ（気仙沼市）
極楽湯 名取店ほか（名取市）

（藤沢市）
公衆アウトドアサウナ ノサウナ（小田原市）

千葉県

Sea Sauna Shack（館山市）
サウナ＆カプセルホテル レインボー（本八幡、新小岩）
スパメッツァおおたか 竜泉寺の湯（流山市）
スパ＆ホテル 舞浜ユーラシア（浦安市）
ジートピア（船橋市）
JFA夢フィールド 幕張温泉 湯楽の里（千葉市）
Re: PRIVATE SAUNA（船橋市）
Futtu villa（富津市）
THE LAKOTAN（大多喜町）

埼玉県

おふろcafé utatane（さいたま市）
おふろcafé ハレニワの湯（熊谷市）
ととのい＋（さいたま市）
ROKU SAUNA（ロクサウナ）（大宮与野店他など）
サウナ ととのい＋（cafe +coworking +office）大宮（さいたま市）
朝霞サウナ 和（なごみ）（朝霧市）
サウナヘヴン草加（草加市）
BadenGarden（旧ベッド＆スパ 所沢）（所沢市）
サウナスイートキャビン（入間郡）
おふろの王様 和光店他（和光市）
グランピング＆テルマー湯 東松山滑川店（滑川市）
CAWAZ base サウナ&ステイ&BBQ（日高市）
WAW大宮シェアオフィス（さいたま市）

群馬県

毎日サウナ 前橋本店（前橋市）

栃木県

Litnasu（リトナス）（那須町）
大谷元気炉六号基（宇都宮市）
那須ユートピア（那須町）
スノーピーク鹿沼キャンプフィールド＆スパ（鹿沼市）
森の天空サウナ＆露天風呂（那須塩原市）

茨城県

鹿とサウナ（鹿嶋市）
鹿島セントラル 天然温泉美人の湯 ゆの華（神栖市）
SPA&ごはん ゆるうむ yuluumu（水

ホテルマウント富士（南都留郡）
Dot Glamping 富士山（南都留郡）
PICA Fujiyama（南都留郡）
道志村RentalVilla12498番地（南都留郡）
多摩源流温泉 小菅の湯（北都留郡）
新湯治場 秋山温泉（上野原市）

岐阜県
大垣サウナ（大垣市）
田辺温熱保養所（大垣市）
恵みの湯（各務原市）
新岐阜サウナ カプセルホテル（岐阜市）
養心薬湯（羽島郡）

静岡県
サーマルクライムスタジオ富士（裾野市）
うわの空 UWANOSORA Shizuoka BED×BBQ×SAUNA（静岡市）
サウナしきじ（静岡市）
御殿場高原 源泉 茶目湯殿（御殿場市）
ATAGOYA阿多古屋（浜松市）
サウナ天竜（浜松市）

愛知県
KIWAMISAUNA（名古屋市）
ウェルビー（栄ほか多数）
サウナラボ名古屋（名古屋市）
白山温泉（名古屋市）
SAUNA.（サウナドット）（名古屋市）
リラクゼーションスパ アペゼ（名古屋市）
サウナ＆カプセル フジ栄（名古屋市）
NAGONO WORK BAR & SAUNA（名古屋市）
SAUNA MONKEY（名古屋市）
Private Sauna EXIT（名古屋市）
富永電機株式会社（名古屋市）オフィス内サウナ

■近畿地方
大阪府
サウナ＆スパ 大東洋（大阪市北区）
大阪サウナDESSE（大阪市中央区）
SAUNA Pod 槃（大阪市西区）
阪神サウナ（大阪市福島区）
BACKDOOR 心斎橋（大阪市中央区）
SAUN9NE（サウナイン）大阪東心斎橋（大阪市中央区）
カプセル&スパ グランドサウナ心斎橋（大阪市中央区）
neverending sauna+laundry（大阪市西区）

山形県
ショウナイホテル スイデンテラス（鶴岡市）
高源ゆ（上山市）
SAUNA BASE TRIP.（山形市）
名湯リゾート ルーセントタカミヤ（山形市）

■中部・東海地方

新潟県
Snow Peak FIELD SUITE SPA HEADQUARTERS Restaurant雪峰（三条市）
SHIIYA VILLAGE（シイヤビレッジ）（柏崎市）
じょんのび温泉 楽寿の湯（柏崎市）
サウナ宝来洲（ホライズン）（柏崎市）

富山県
スパ・アルプス（富山市）
SaunaTaloToyama（富山市）
IMMERSIVE SAUNA（イマーシブサウナ）【i3U7】（富山市）
アパホテルステイ〈富山〉（富山市）
天然温泉剱の湯 御宿 野乃（富山市）
ドーミーイン富山（富山市）
TATEYAMA SAUNA（立山町）
天然温泉 海王（射水市）
Cuisine régionale L'évo（南砺市）
川合田温泉 サウナ部（南砺市）
湯屋 FUROBAKKA（黒部市）
SPA BALNAGE スパ・バルナージュ（魚津市）

長野県
星野温泉 トンボの湯（軽井沢町）
Koti軽井沢（レンタヴィラ軽井沢K13）（軽井沢町）
the TOJI ba MATSUKAWAKAN 湯治場 松川館（上高井郡）
フィンランド・ヴィレッジ（南佐久郡小海町）
サウナ付き絶景の家 Anoie（信濃町）
sambo saun（長野市東後町）

山梨県
Hotorinite Lake otome / ホトリニテ（山梨市）
BLANC FUJI（富士吉田市）
ふじやま温泉（富士吉田市）
山梨泊まれる温泉 より道の湯（都留市）
88PEAKS（エイトピークス）サウナ＆シーシャ 八ヶ岳（北杜市）
CYCL（南都留郡）

パブリックハウス アンド サウナ 久米屋（美作市）
RR Conditioning & SPA（岡山市）
BODY IYASU 岡山駅前（岡山市）

広島県
Hiki stargazing sauna（広島市）
リブマックスリゾート宮浜温泉 Ocean（廿日市市）

■四国地方

愛媛県
伊予の湯治場 喜助の湯（松山市）
SPA P・SPO（スパ ピースポ）北条店（松山市）

高知県
高知ぽかぽか温泉（高知市）
ドーミーイン高知（高知市）

香川県
ゴールデンタイム 高松（高松市）
SANA MANE（香川郡）

徳島県
森のサウナ（神山町）
ネイチャーヒーリング（神山町）

■九州・沖縄地方

福岡県
ウェルビー福岡（福岡市）
ホテルキャビナス福岡（福岡市）
SaunaLab Fukuoka（サウナラボ福岡）（福岡市）
SHIAGARU SAUNA 福岡天神（福岡市）
イズバ/IZBA（宗像市）
筑紫野 天拝の郷（筑紫野市）
伊都の湯どころ（糸島市）
HIDEAWAY sunset camp（糸島市）
グリーンランド中洲店（福岡市）
サウナヨーガン福岡天神（福岡市）
Jakū（福岡市）
プライベートサウナ SAUNA SAKURADO（福岡市）

佐賀県
御船山楽園ホテルらかんの湯（武雄市）
OND SAUNA（武雄市）
オクチル（鹿島市）
太良嶽温泉 蟹御殿（藤津郡）

長崎県
サウナサン（佐世保市）

大分県

ユートピア白玉温泉（大阪市城東区）
SPAWORLD HOTEL&RESORT（大阪市浪速区）
京橋グランシャトー（大阪市都島区）
ウエマチルーフ（大阪市天王寺区）
湯元「花乃井」スーパーホテル大阪天然温泉（大阪市西区）

京都府
サウナの梅湯（京都市下京区）
サウナ＆カプセルホテル ルーマプラザ（京都市東山区）
Earthing MIYAMA（南丹市）

兵庫県
組紐KOBE（神戸市）
AKESUKE/アケスケ/淡路島のプライベートサウナ＆貸別荘（南あわじ市）
海月館（洲本市）
おでんサウナ（神戸市）
神戸みなと温泉 蓮（神戸市）

三重県
飛雪の滝キャンプ場（南牟婁郡）
癒しの里 名張の湯（名張市）

滋賀県
ドガサウナ（犬上郡）
草津湯元 水春（草津市）

奈良県
ume, yamazoe（山辺郡）
橿原ぽかぽか温泉（橿原市）
カンデオホテルズ奈良橿原（橿原市）

和歌山県
ホテル川久（西牟婁郡）
宿坊 大泰寺 ｜TEMPLE HOTEL DAITAI-JI（東牟婁郡）

■中国地方
鳥取県
GOOD BLESS GARDEN（米子市）
湧くわく天然温泉 ラピスパ（米子市）
天然湧出温泉 鳥取ぽかぽか温泉（鳥取市）
日帰り温泉オーシャン（米子市）
皆生温泉 汐の湯（米子市）
鳴り石の浜サウナ（東伯郡琴浦町）

島根県
Sauna park camp Morinosu（飯石郡飯南町）
ドーミーイン出雲（出雲市）

岡山県

■海外

モンゴル

ホテル東横INN ウランバートル

Soyol Wellness Center

タイ

COMO Metropolitan Bangkok

Silom Sauna sukhumvit

アジア ハーブ マッサージ & スパ バンコク

エストニア

エラムススパ（Elamus Spa）

ドイツ

Vabali Spa Berlin（ヴァバリ スパ ベルリン）

Liquidrom（リキッドロム）

韓国

CIMER SAUNA

スパレックス東大門

森の中の漢方ランド

台湾

亜太三温暖

天龍三温暖

金年華三温暖

CITY SPA てんくう（大分市）
REBUILD SAUNA（豊後大野市）
稲積水中鍾乳洞（豊後大野市）
カフェ パラム（豊後大野市）
里の旅リゾート ロッジきよかわ（豊後大野市）

熊本県

温泉カフェ あがんなっせ（熊本市）
トトノウバイ（菊池市）
Mifune Terrace（上益城郡御船町）
湯屋 水禅 Luxury Sauna & Spa（松屋別館）（熊本市）
田迎サウナ（熊本市）
嘉島湯元 水春（上益城郡嘉島町）
富合サウナランド（熊本市）
カンデオホテルズ熊本新市街（熊本市）
なごみ温泉やすらぎの湯（宇城市）
エミナース温泉「七福の湯」（上益城郡益城町）

鹿児島県

Sankara Hotel & Spa 屋久島（屋久島町）
sumu sauna（霧島市）
霧島観光ホテル ＝AUBEGIO＝（霧島市）
美肌の湯 こしかの温泉（霧島市）

沖縄県

琉球温泉 龍神の湯（豊見城市）
亜熱帯サウナ（国頭郡本部町）
天然温泉 りっかりっか湯（那覇市）
サ郷kakeRu（国頭郡恩納村）

Special Thanks（五十音順、敬称略）

秋田小由美（小林クリエイト株式会社）／アチャリヤ・コーシク（The Hive）／上田真路（U Share株式会社）／榎田好宏（鳥取県庁）／エレガント渡会（SAUNA Otaru arch）／太田広（サウナ王）／岡本昂之（日本航空株式会社）／尾上宗治（株式会社タマディック）／加藤容崇（サウナドクター）／鹿又陸（JUURI SAUNA）／川原卓巳（プロデューサー）／金憲碩（スカイスパYOKOHAMA）／郷地健人（スカイスパYOKOHAMA）／五塔熱子（アウフグースマスター）／小林友也（小林クリエイト株式会社）／斉藤智浩（JIKON SAUNA -TOKYO-）／坂田哲也（ぎょうざ湯）／佐藤沙織（あかざる）／佐藤将貴（くらすサウナつるぎ）／鈴木翔（サウナコレクション）／鈴木りお（スパラクーア）／高橋賢（恵比寿サウナー）／高橋茂雄（お笑い芸人）／田中章裕（株式会社ジンズ）／知久間純平（鳥取県庁）／都築法明（Nature Sauna）／沼田晃一（フィンランド政府観光局）／野田クラクションベベー（The Sauna）／橋口雄樹（株式会社ドワンゴ）／林裕也（花王株式会社）／坂西俊郎（HARE-TABI SAUNA&INN YOKOHAMA）／福田博文（山賊サウナ）／福坪大樹（鹿児島県庁）／前川守（木の香株式会社 前川建築）／前田大介（前田薬品工業株式会社）／松田理一（日本ウィスキングクラブ）／森實敏彦（株式会社タマディック）／山本幹太（サウナコレクション）／吉永幸平（SAUNA グリンピア）／ラウラ・コピロウ（フィンランド大使館）

イラスト　タナカカツキ
執筆協力　川邊実穂
ブックデザイン　chichols
DTP　G-clef（山本秀一・山本深雪）
校正　文字工房燦光
企画編集　武田惣人

著者紹介

川田直樹（カワちゃん）

1984年奈良県生まれ、大阪育ち。コクヨサウナ部部長。フィンランドサウナアンバサダー（フィンランド政府観光局公認）。一級建築士。東京のコクヨ株式会社で働き、働く空間の価値向上に携わる会社員。29歳で課長に就任し、その後部長や社長室長を歴任。サウナ愛をビジネスとかけ合わせ、コクヨ社内でサウナ部を立ち上げたのを機に、他社のサウナ部も巻き込んだ「JAPAN SAUNA-BU ALLIANCE」を共同設立。

ビジネスとサウナの可能性を探求し、国内外を飛び回り施設構築や情報発信を行い、多数のメディアに出演。新たなカルチャーを「つくる」と「ひろげる」領域でサウナプロデューサーとしても活動している。

プライベートではチャーハンとお笑いとネコが好きで、泳ぎや早起き、コーヒーが少し苦手。

Instagram　@sauna.bucho

魅力的なサウナ体験を構築したい、サウナ部の運用について相談したい、などがあれば下記までご連絡ください。

saunaworker@gmail.com

コクヨサウナ部と合同サウナ部活動をされたい方は下記までご連絡ください。

saunabu@kokuyo.com

シン・サウナ
人生《じんせい》は自分《じぶん》の“好《す》き”でデザインできる

2025年3月26日　初版発行

著者／川田《かわた》 直樹《なおき》

発行者／山下 直久

発行／株式会社KADOKAWA
〒102-8177　東京都千代田区富士見2-13-3
電話　0570-002-301（ナビダイヤル）

印刷所／TOPPANクロレ株式会社

製本所／TOPPANクロレ株式会社

●お問い合わせ
https://www.kadokawa.co.jp/（「お問い合わせ」へお進みください）
※内容によっては、お答えできない場合があります。
※サポートは日本国内のみとさせていただきます。
※Japanese text only

定価はカバーに表示してあります。

ISBN 978-4-04-607190-3　C0030